감정노동,

행복하게
할 수 있을까?

감정노동, 행복하게 할 수 있을까?

발행일	2017년 12월 29일

지은이	최 지 아		
펴낸이	손 형 국		
펴낸곳	(주)북랩		
편집인	선일영	편집	권혁신, 오경진, 최예은, 오세은
디자인	이현수, 김민하, 한수희, 김윤주	제작	박기성, 황동현, 구성우
마케팅	김회란, 박진관, 김한결		
출판등록	2004. 12. 1(제2012-000051호)		
주소	서울시 금천구 가산디지털 1로 168, 우림라이온스밸리 B동 B113, 114호		
홈페이지	www.book.co.kr		
전화번호	(02)2026-5777	팩스	(02)2026-5747

ISBN	979-11-5987-927-2 03330(종이책) 979-11-5987-928-9 05330(전자책)

감정노동,
행복하게
할 수 있을까?

smile

상처받은 감정노동자들을 위한 힐링 지침서

최지아 지음

북랩 book Lab

추천사

병원 업무에 종사하시는 분들뿐만이 아닌 고객과 직접 소통을 해야 하는 모든 서비스직 종사자들의 감정을 어루만져 줄 수 있는 책.

쉬워 보이지만 가장 어려운 과제인 고객과의 소통, 고객 서비스와 고객 만족도의 품질을 높이고 싶은 분들에게 이 한 권의 책을 적극 추천합니다.

라미체 성형외과 원장 민희준

모제림성형외과에 함께 근무하던 시절 최지아 실장님은 뜬금포같은 실장님이었습니다. 당시 업무량이 많고 고객응대라는 어려운 일로 심신이 피곤할 수밖에 없는 상황이셨을텐데도 약간은 들뜬 듯한 소풍가기 전날 어린아이의 표정을 늘 하고 다니셨지요.

상황을 남다른 시각으로 바라보는 독창성과 새롭게 배운 사실을 주변 동료들과 함께 나누고 같이 발전해 나가려 노력하는 자세는 항상 저를 놀라게 하였습니다.

입꼬리 눈꼬리 한껏 올라가며 웃던 그 미소가 지금도 그려집니다.

분명히 서비스 현장에 계신 분들에게 행복감을 선사할 만한 책으로 일독을 추천합니다

현)모바른한상보의원 전)모제림성형외과 남성센터 대표원장

최지아 실장의 실전 경험이 바탕이 된 책이네요. 고객 응대 및 상담에 있어 꼭 필요한 내용으로 고객 응대 서비스업에 종사하는 모든 분들에게 큰 도움이 될 것입니다. 항상 열정적인 모습의 최지아 실장의 솔직하고 자기 고백적인 글이 많이 공감됩니다. 스트레스에 지친 현대인들이 읽고 힘이 되는 글입니다.

강남더블유 안과 원장 성열석

고객과 소통해야 하는 모든 사람이 감정노동자다. 고객의 만족도를 극대화할 수 있는 프로페셔널한 소통의 방법을 찾고 있다면 이 책의 일독을 권한다.

서울/부산 밝은세상 안과 대표원장 이종호

깜짝 놀랐습니다.
제목을 보고 놀랐고, 내용을 보고 놀랐습니다.
전문가와 같은 식견과, 열정적인 삶을 통해 얻은 지혜를 현장의 언어로 보석처럼 담고 있었기에 놀랐습니다.
독자들에게 시원함과 상쾌함을 주는 책이 될 것입니다.

한마음교회 김승룡목사

우리 모두는 감정노동자이다

서울 근교에서 넉넉하지 않은 집안의 1남 3녀 중 막내로 태어났다.

초등학교 때 사고로 아버지가 돌아가신 후 일찍부터 다양한 아르바이트를 통해 여러 계층의 고객을 만날 수 있었다.

정식적인 사회생활은 비서로 시작했지만 최근 수년간은 병원에 근무하면서 병원 서비스에 대해 관심이 생겼고, 복잡한 고객 심리에 어떤 프로세스로 다가가야 고객 만족을 실천할 수 있을지 고민하였다.

또한, 일하는 가운데 시시때때로 무너지는 감정을 어떻게 추스르고 일으켜 세워야 할지도 고민이었다.

비단 서비스를 제외하고라도 현대사회를 살아가는 우리는 얼마나 많은 감정들과 싸우며 살아가는가? 가족, 직장 동료, 고객과의 관계 등 우리가 풀어야 할 감정들은 너무도 많다.
이렇게 보면 우리 모두가 감정노동자에 속한다.
그러나 역설적으로 나는 감정노동자라 지칭하기보다 감정지배자로 지칭하고 싶다.

이 책은 서비스에 대한 철학을 담기도 했지만, 고객과의 소통을 통해 우리가 살아가면서 꼭 필요한 소통의 기술을 다루고 있다.
서비스 만족에 지나친 강조를 하다 보니 나와 상반된 의견을 가질 수 있는 분도 있을 것이란 생각도 조심스럽게 하면서 비록 전문가는 아니지만, 비전문가로서 서비스 실무 경험을 바탕으로 얻어진 교훈들을 함께 나누고자 한다.

바라기는 나의 책이 서비스 현장에서 최선을 다하고 있는 이들에게 힘이 되고 지혜가 되어서 건강하고 행복한 직장 생활을 할 수 있는데 도움이 된다면 더할 나위 없이 보람될 것 같다.

또한, 현대를 살아가는 지친 이들에게 환경은 바꿔줄 수는 없지만, 감정만큼은 스스로가 다스릴 수 있는 지혜를 나눔으로써 개인의 삶이 좀 더 행복으로 풍요롭게 장식된다면 좋겠다.

끝으로 기도로 응원해주는 한마음 교회 교우들과 내 가장 가까운 곳에서 늘 힘이 되어주는 사랑하는 나의 가족들에게 사랑하고 감사한다는 말을 전하고 싶다.

고맙습니다.
사랑합니다.

2017년 12월 어느 날
최지아

서비스 철학

서비스를 한마디로 정의할 수 있을까?

우선 서비스의 어원을 살펴보면 라틴어의 노예를 의미하는 '세르브스 servus'라는 단어에서 나왔다.

그리고 서비스(service)의 영어 단어와 예배(service)의 영어 단어를 보면 똑같이 쓰인다. 의료(medical service), 장례식(funeral service, burial service) 등을 영어로 표현할 때도 서비스란 단어가 들어간다.

서비스란 우리가 아는 일반적인 사전적 의미로는 고객 만족 경험과 부가가치를 높이기 위한 일련의 무형적 활동 또는 어떤 직업인들이 갖는 의무적 행위라고 규정할 수도 있는데 영어 표현을 빌려 본다면 우리 일상의 모든 행위와 활동들이 다 서비스에 해당된다고 해야 올바른 정의가 될 것 같다.

그리고 현대에 와서는 특정 직업인뿐만 아니라 고객과 접전하는 모든 이들에게 요구되는 것이 서비스이다. 전문 의료인이나 전문직종의 종사자도 예외는 아닐 것이다.

서비스를 기본적으로 이해하기 위해서는 일방적인 봉사보다는 상호 커뮤니케이션이 바탕이 되어야 한다.

가령 여성이 사랑하는 남성에게 호감을 사기 위해 집으로 초대했다고 가정해보자. 첫 번째 유형은 자기가 제일 자신 있는 음식으로 준비했다. 두 번째 유형은 조금은 서툴지만, 남성이 좋아하는 음식으로 준비했다. 자, 어떤 유형의 여성이 남성의 호감을 더 샀을까?

답은 두 번째 유형이다. 상대의 마음을 얻기 위해서는 상대의 관점에서 바라보고 이해하려는 노력이 필요하다는 이야기다.

우리가 고객서비스를 하면서 가장 많이 하는 실수가 고객의 관점보다 우리 입장에서 생각할 때가 너무 많다. 그래서 고객에게 최선의 서비스를 했으나 오히려 불만을 야기시키는 일도 적지 않다.

이 책은 서비스에 대해 이야기를 하는 부분도 있지만, 더 넓게는 우리가 살아가는 소통에 관해서도 이야기하고자 한다.

성경에 사랑할만한 사람을 사랑하는 것에는 상급이 없고 사랑할 수 없는 사람을 사랑하는 자가 상을 받는다고 한다. 너희가 너희를 사랑하는 자를 사랑하면 칭찬받을 것이 무엇이뇨 죄인들도 사랑하는 자를 사랑하느니라. (마 5:46)

서비스도 성향이 좋은 고객을 만족시키는 일은 아주 쉽지만, 성향이 까다로운 고객을 만족시키는 일은 아주 어렵기 때문에 전문화되고 특화된 기술과 요령이 필요하다.

가장 좋기로는 문제가 생기기 전에 완벽한 프로세스로 고객에게 죄송하다고 말할 일을 만들지 않는 서비스가 최상일 테지만 다양한 고객의 복잡한 심리를 만족시킬 만한 완벽한 서비스 프로세스가 성립될 지는 쉽지 않은 일이다.

나는 서비스의 핵심 철학을 고객을 먼저 생각하는 진심과 배려라고 정의하고 서로가 감사하는 마음에서 출발해야 한다고 말하고 싶다.

누군가 "서비스가 쉬운가요?"란 질문을 해온다면
"서비스는 참 쉽습니다!"라고 대답할 수 있다.

직원이 먼저다

불과 몇 년 전까지만 해도 서비스를 왜 해야 하는지에 대해 물으면 많은 분들이 그에 대한 명확한 답을 하지 못했다. '고객은 왕이다'라는 누군가가 내놓은 고객의 정의에 간과 쓸개를 다 빼내서라도 고객을 왕으로 모시기 위해 노력했다.

고객의 사전적 의미는 상품 및 서비스를 제공받으면서 상품 및 서비스에 대해 결정 또는 최종적 평가를 하는 사람으로서 나를 제외한 모든 사람이 고객이다는 인식이 컸다.

그러나 현재는 나를 포함한 직장동료와 외부 서비스를 이용하는 대상 모두가 고객 범주 안에 들어간다는 인식이 보편적이다.

2010년도 안과에서 근무할 때 외부 강사가 와서 CS 교육을 하는데 갑자기 나에게 강사가 질문을 던졌다.

"서비스를 왜 하나요?"

나의 대답은 간단했다.

"저를 위해서요. 고객에게 만족할 만한 서비스를 주는 것이 제 감정도 보호하고 하루를 행복하게 살 수 있으니까요."

나의 내면은 소심하고 겁이 많고 잔소리를 싫어한다. 그래서였을 것이다. 난 내 감정보다는 다른 사람의 감정에 눈치를 보는 것이 습관처럼 배여 있다. 내가 이러면 이 사람이 이렇게 하지 않을까? 또는 내가 이런 말을 하면 상처받지 않을까? 이런 나의 성향이 고객서비스에는 어느 정도 잘 맞아 떨어진 부분이 있었던 것 같다.

가는 말이 고와야 오는 말이 곱다는 속담에 철저한 신념을 가지고 고객을 대한 것이 서비스 일을 하면서 크게 힘들지 않게 일을 할 수 있었던 것 같다.

그러나 막상 서비스 현장에 있다 보면 가는 말이 고와도 오는 말이 거칠 때를 종종 경험하게 된다.

이처럼 어려운 서비스 현장에서 최고의 수고를 하는 직원들에 대한 서비스도 생각을 해봐야 하지 않을까?

기업은 직원이 행복하게 일할 수 있는 환경을 제공해야 할 의무가 있다고 본다.

각자가 맡은 부서에서 일에 전념할 수 있는 환경, 직원의 역량을 제약 없이 발휘할 수 있는 환경, 건의나 제안을 자유롭게 발언할 수 있고 그것이 실천이 되는 성취감도 줄 수 있는 환경을 만들어 주는 기업이라면 직원은 자연스럽게 온 열정을 다 쏟아낼 것이다.

인간을 X 이론으로 볼 것인지 Y 이론으로 볼 것인지에 대해서는 기업 리더들의 성향에 따라 다를 수 있겠지만 난 기본적으로 Y 이론으로 인간을 보는 것이 맞다고 생각하는데, 설사 실망하고 배신당할지언정 그렇게 보는 것이 인간의 존엄성을 인정하는 일이라고 생각하기 때문이다.

* X 이론 : 인간은 본성적으로 일하기 싫어한다
* Y 이론 : 인간은 본성적으로 일하고 싶어한다.

결국은 고객에게 진심의 서비스를 하기 위해서는 직원이 먼저 자신이 하는 일에 보람과 자부심을 갖고 임해야 자발적인 서비스가 실행되는데 이 일은 주기적인 조직의 건강검진을 할 필요가 있다.

직원의 행복지수가 조직의 건강지수와 비례하기 때문이다.

병원에 근무할 때 강조했던 말이 있었다.

절대 근무 중에는 동료 간 마찰로 인한 감정표출을 하지 말라는 거였다.

너무 화가 나거나 못 참을 경우에는 상급자 또는 부서 책임자에게 이야기하고 동료 간에 직접적인 마찰은 하지 않는 것을 원칙으로 세웠다.

어쩌면 같은 공간에서 같은 목적을 가지고 일하고 있는 우리는 무대 위에서 공연을 하는 배우들과도 같다.

나 하나만 잘해서도 안 되고 누구 하나의 큰 실수가 그 날의 공연 평가를 절하시키기도 하기 때문에 동료 간 응원과 긴밀한 협조가 있어야 한다.

나는 여러 업종의 사회생활을 해오면서 흥하는 기업과 망하는 기업을 보았다. 거기서 얻은 교훈은 사람을 중시하는 기업은 망하지 않는다는 것이다. 직원들에게 함부로 하고 사람을 귀하게 여기지 않는 기업은 인재는 떠나가고 수동적인 직원들만 남게 된다. 그런 기업은 몇 년이 지나도 발전이 없다.

기업이 잘될 때 기업의 리더들은 거만해지거나 교만해지기 쉽다. 그때 기업의 리더들은 '우리 정도의 기업이면 일하고 싶은 사람들이 줄을 서지.' 하면서 무의식적으로 직원들을 홀대하는 경우가 있다.

직원이 홀대받는 감정을 느끼게 되는 시간이 오면 처음 가졌던 애사심은 떠나고 그냥 시간 보내면서 급여일만 기다리는 태도로 바뀌게 되거나 능력 있는 사람들은 다른 곳으로 이직하게 되고 수동적인 사람들만 남게 된다.

직원을 먼저 생각하는 기업이 흥하게 되어 있다.

세상에 나쁜 고객은 없다

2년 전 진돗개 한 마리를 분양받았다. 나는 결혼할 때 어머 님이 딸처럼 키우고 있던 푸들 한 마리와 그의 짝과 그의 새 끼까지 총 세 마리의 강아지 시집살이를 해야 했다.

주말이면 어머니는 외출하시면서 개 짖는다고 어디 나가지 못하게 했기 때문에 집을 새로 이사 가기까지 꼬박 5년 동안 은 개 때문에 겪어야 했던 시집살이가 있었다. 이러한 이유로 난 개를 무척 싫어했었다.

개의 존재 이유는 지구환경 보존을 위해 잔반을 처리하거나 시골집을 지키거나 좀 더 쓰임 받게는 시각장애인의 길잡이, 군견, 사냥개와 같이 쓰임새 있게 살아가는 것이 개의 존재 이 유라고 생각했었다.

그러던 중 큰 아이가 중2병을 톡톡히 치르고 중3이 되었을 때 아빠와 심하게 갈등을 겪었다.

한동안 소원했던 아들과의 관계를 풀려고 남편이 강아지를 입양하는 일로 아들에게 자연스럽게 말을 붙였고 다행히 아이도 거부 없이 아빠와 대화를 이어가면서 관계회복을 했다.

그런 과정을 지켜보니 무작정 반대만 할 수가 없었다.

그렇게 해서 우리 집에 마음이라는 새 가족이 생겼다.

사람은 관심 가는 것을 본다고 했던 것이 맞는 모양이다. 난 TV에 강아지에 관한 프로그램이 있는 줄도 몰랐고 또 다양하게 프로그램이 있다는 것도 몰랐다.

어느 날 '세상에 나쁜 개는 없다'라는 프로그램을 호기심을 갖고 눈여겨 보았다.

성격도 다양하기도 하고 정말 심하게 문제를 일으키는 견들을 볼 때는 견주와 같은 마음으로 안타까워하고 걱정을 했다.

그런데 나의 걱정들은 얼마 지나지 않아 사라졌다.

조금 지나 행동훈련 전문가가 나와서 몇 가지 훈련을 이어가면서 그 문제의 행동들이 금방 고쳐졌다. 자세히 보면 특별한 기술을 하는 것도 아니다. 문제의 견들을 관찰하고 그 문제 행동의 원인이 어디서부터 생겨났는지를 파악했다.

그리고 그 견들의 마음을 읽어주자 너무도 쉽게 문제 행동들이 고쳐지고 사랑스러운 반려견으로 변화되는 것을 보았다.

나는 TV를 보다 이런 생각을 해보았다.

'세상에 나쁜 고객은 없다!'

우리가 미리 '나쁘다.' 단정 짓고 '이럴 것이다.' 단정 짓고 고객을 대한 것은 아닐까?

고객의 마음의 소리를 들어줄 생각 없이 내가 달성하고자 하는 것에만 초점을 맞춘 것은 아닐까?

그렇다면 우리를 피곤하게 하고 괴롭게 하는 고객도 우리의 태도에 따라 얼마든지 좋은 고객으로 바뀌지 않을까?

이런 생각을 하는 끝에 고객 서비스에 대해 깊은 고민을 하게 되었고 실무에서 어떻게 적용되는지를 관찰하게 되었다.

이유 없이 화내는 고객은 단 한 명도 없었던 거 같다.

화나는 고객은 우리가 고객의 감정을 진심으로 공감해 주면 금방 진정을 찾게 된다. 고객에게 '왜?' 보다는 '무엇을' 또는 '어떻게' 할지를 고민하면서 다가가야 한다.

가령 집에서 짜증 나는 일로 병원을 내원했더라도 '내가 지금 기분이 나쁘니 나 건들기만 해봐.'라는 식으로 작정하고 오는 고객은 없을 테니까 말이다. 우리가 잘하고 있는데 일부러 문제를 걸어 싸우고 싶은 고객도 없을 것이다.

컴플레인을 거는 일은 시간과 쏟는 감정 에너지가 크기 때문에 일부러 즐기는 이도 없을 것이다

나는 육체적으로는 부지런한 사람이지만 복잡한 일에 대해서는 감정적으로 매우 게으른 사람이 된다. 그러다 보니 정당하게 컴플레인인 것인데도 귀찮아서 그 일을 하지 못할 때가 많다.

그러니 이런 부분을 놓고 봤을 때 컴플레인을 걸어주는 고객이 얼마나 감사한가?

또한, 우리는 이런 고객이 있으므로 우리 조직이 더욱 발전할 수 있는 계기가 되기도 한다.

세일즈는 일종의 쇼라고 말하는 사람도 있다. 사람을 보고 하는 일이 되어야 하고 진심은 통한다는 믿음을 가지고 고객을 대해야 한다.

가끔 내 속이 타들어 가고 자존심이 일어서려고 해도 조직

의 일원으로서 책임공감의 원칙을 생각해야 한다.

 * 책임공감의 원칙 : 고객의 비난과 불만이 나를 향한 것은
아니지만, 조직의 일원으로 책임을 동감하여 고객 불만을 해
결하려고 노력하는 자세(주인의식)

 결국, 아무리 이기심이 판치고 당장은 이겨 보이는 듯해도
끝에는 배려가 이기심을 이긴다고 믿는다. 동등한 입장에서
고객을 대해야 기업의 이미지 가치도 올라가고 한번 추락한
기업의 이미지를 다시 끌어올리는 데는 많은 시간과 비용이
들어간다는 것을 잊지 않았으면 좋겠다.

 또 한가지 항상 역지사지로 고객 입장일 때를 생각해보고
기업의 입장과 고객의 입장을 다른 기준을 두고 판단하지 말
아야 한다.

존중과 진실로 다가가라

남자는 여자에게 존중받는다고 느끼면 여자를 위해 목숨도 내놓을 수 있다고 한다. 여자는 남자에게 사랑받고 있다고 느끼면 행복하게 살아간다.

부부가 좋은 관계를 유지하는 비결도 진실이 중요하다. 서로에게 거짓말을 하는 순간 신뢰는 깨질 것이고, 진실이 담기지 않은 "사랑해"라는 말은 오히려 관계를 깨는 데 일조할 것이다.

고객도 마찬가지이다. 인간관계 중 하나임이 틀림없다. 존중을 앞세우고 진실로 다가가면 세상에 나쁜 고객은 없을 것이다.

그렇다면 존중은 어떤 것이 바탕이 될까?
존중(尊重). 높이어 귀중하게 대한다는 뜻이다.

사람의 첫인상을 판단하는 데는 0.3초 정도만 있으면 된다고 한다. 그래서일까? 상담하는 자가 가장 많이 실수하는 것이 고객의 인상만을 보고 짧은 순간 그 고객을 단정 짓는 일이다. 이 고객이 돈을 쓸 고객인지 까다롭게 할 고객인지.

그러다 보면 무의식적으로 내가 판단한 대로 그 고객을 대하게 되고, 존중보다는 상업적 상술로 다가가는 실수도 범하게 된다.

우리가 일함에 있어서 금전적인 이유도 중요하지만 내가 하는 일이 적어도 사회에 공헌하고 내 인생의 소중한 시간을 보낸다고 생각한다면 단지 눈앞의 이익만 보지는 않을 것이다.

진실(眞實)은 거짓이 없는 사실, 마음에 거짓이 없이 순수하고 바르다는 뜻을 가진다. 진실하지 못해 망한 사람은 역사 속에서도 많이 찾아볼 수 있다. 순간적으로는 모면하고 뛰어난 능력가로 보일 수는 있지만 진실하지 못한 그 대가는 결국엔 다 드러나게 되어 있다.

기업도 병원도 마찬가지다. 고객 앞에 진실하지 못하면 그 기업과 병원은 오래갈 수가 없다. 고객에게 집중하고 진실하면 고객은 배신하지 않는다. 그럴 때 비로소 우리 기업 또는 우리 병원만의 특별한 서비스가 개발될 것이다.

『마케팅은 짧으나 서비스는 길다』라는 책이 있다. 상업적 마케팅은 언젠가는 끝이 나지만 고객은 서비스를 기억하게 될 것이다. 할 수만 있다면 가치 있는 마케팅을 할 수 있으면 좋겠다.

당장 '할인', '바겐세일', '마지막 기회' 이런 것이 아니라 최고의 가치를 고객에게 선물할 수 있는 마케팅이 점점 더 많아지기를 바란다.

오래 경영하고 싶다면, 고객에게 가치를 심어 줘야 한다.
"이 세상 어떤 것도 당신의 정직과 성실에 대해 보답해 줄 수는 없을 것이다." 벤저민 프랭클린의 말이다.

세상이 아무리 변해도 정직과 성실이 답이다.
한 가지 덧붙이자면 소통의 가장 훌륭한 기술은 진심이다.

고객 소통은
아날로그로 하라

스마트한 시대를 살아가는 우리가 가끔 어린 시절 소꿉놀이를 그리워하고 배고팠던 시절 빵 하나를 형제와 나눠 먹으면서 허기지고 모자랐던 옛날을 그리워하는 이유가 무엇일까? 아무리 시대가 변해도 사람과의 소통은 로봇이 대신할 수 없는 감성이란 영역이 있기 때문이 아닐까 싶다.

고객도 마찬가지다. 고객을 일로 보지 말고 사람과의 관계에서 본다면 감동 고객이 더 많아질 것이다.

가슴이 따뜻한 사람을 만나면 행복해진다. 이기적인 사람을 만나면 그날은 계속 기분이 언짢다. 고객에게 눈을 맞춰주고 정감 어린 인사말을 건네는 일 매우 중요하다.

말에도 표정이 있지 않은가? 같은 말을 해도 내 마음을 편하게 해주는 사람이 있는 반면에, 가식적이고 진심이 느껴지지 않는 사람이 있다.

가벼운 스킨십으로 친근함을 표현해 주고 고객을 칭찬하고 작은 친절을 베푸는 일은 기계가 대신할 수 없다. 항상 친절한 미소로 맞이하고 유머로 고객을 즐겁게 해주는 일을 할 수 있으면 좋겠다. 텍스트 문자가 아닌 예쁜 손편지. 진심 어린 안부 전화.

이런 서비스를 할 수 있다면, 고객은 우리의 평생 고객으로 남을 것이다.

스마트한 시대에 핸드폰으로 문자 대화를 하고 그것도 긴 문자도 귀찮아 함축 단어로 '톡톡' 대화를 하는 가운데서 가끔은 사람의 목소리가 그립다.

전철을 타면서 요즘 이해 못 할 광경은 두 사람이 분명 동행인데 대화를 하지만 서로의 눈을 보지 않고 각자의 핸드폰을 보면서 말을 하는 것이다.

우리가 따뜻한 사람이 되어서 고객에게 사람의 온기를 드려보자.

"반갑습니다, 고객님."의 인사에 마음을 담고 눈을 맞추자.

우리 모두는
조직의 비공식적 리더다

시키는 일만 하는 종업원처럼 일하는 것이 행복한가? 능동적으로 일을 찾아서 하고 적극적인 자세로 일하는 것이 더 행복한가?

얼마 전 명품 샵을 찾은 적이 있었다. 죽기 전에 사고 싶은 물건 사보기의 무리한 도전이었다.

그런데 내 기대와는 달리 나에게는 너무도 안 어울리고 명품의 고풍은 온데간데 없고 너무 볼품없고 투박하게만 보였다. '아! 돈이 있어도 못 사는 물건이 있구나.'

명품 샵을 나오면서 왠지 모를 행복감이 밀려온다.

안 어울린 것이 다행이면서도 두고두고 갖고 싶은데 '난 돈이 없어서 못 사' 하고 자리에 앉아서 상상만 하고 있었더라면 그 물건을 소유한 누군가를 부러워하고 사지 못하는 현실을 불평하면서 불행한 마음을 갖고 살았을 것 같다.

만약 직장 일도 억지로 하는 일이 되면 얼마나 피곤하고 행복하지 않을까?

'피할 수 없다면 즐겨라'는 오래전 TV CF 문구처럼 이왕 하는 것이면 즐겁게 하자.

어차피 근무시간은 늘 똑같은 시간이 주어진다. 그 시간 동안 시간 때우기 하기엔 너무 무료하지 않은가? 놀 때도 열심히 놀아야 재밌고 시간도 빨리 가는 것처럼…. 일도 열심히 해야 시간이 즐겁게 가지 않겠는가!

내가 '이 조직의 리더고 주인이다.'라는 의식을 가져보자. 상사는 부서원이 어떤 감정으로 일을 하고 있고 어떤 일을 어려워하는지 관심을 가져주고 부서원은 상사의 지시된 내용을 리더의 관점에서 어떤 것을 원할지를 고민하고 일을 해야 한다.

그럼 일을 하는 것이 더욱 능동적이 되면서 즐거워지고 스스로 동기부여가 됐기 때문에 피곤하지 않다. 동기부여가 되었다는 것은 일할 이유가 있는 것이고 그 일을 하기 위해서는 목표와 전략이 필요하기 때문에 끊임없이 움직이게 되니 하루하루 활기차고 적절한 긴장감이 내 몸의 면역력을 키워줄 것이다. 그리고 목표가 성취되었을 때의 쾌감은 돈으로도 보상되지 않는 큰 기쁨이 될 것이다.

조직의 리더는 오케스트라를 지휘하는 지휘자와도 같다. 내가 조직의 리더이거나 혹은 조직원이거나 내 소리만 내면 절대로 아름다운 하모니를 이룰 수가 없다.

혹 그대가 리더라면 조직원을 믿어보자. 믿고 맡기는 것이 훨씬 빠른 결과를 볼 수 있기 때문이다. 혹 그대가 조직원이라면 상사의 지시에 핵심을 이해하려고 노력하고 내가 리더라면 어떤 것을 원할까를 고민해보자.

동료 간에도 조금 더 양보하고 배려해 보자. 너무 열심히 하는 것이 다른 사람에게 불편함을 줄 수 있다면 절제도 필요하다.

조직은 한 명의 천재보다 다수의 협력자를 필요로 한다.

사회생활을 오래 하다 보면 능력보다 인간관계에서 뛰어난 사람이 높은 자리에 먼저 올라가는 것을 본다.

결국, 이 사회는 소통 부재가 문제이며 가장 필요한 것이 소통의 인재란 생각을 하게 된다. 인간관계에서 성공하는 사람이 조직에서도 성공자의 자리에 오를 수 있다.

당신이 있는 자리에서 산소를 뿜어내기 바란다. 이산화탄소로 다른 사람을 숨 막히게 하는 디미니셔와 같은 리더가 되지 않기를 바란다. 과도한 지적과 압박은 오히려 직원들의 의욕만 저하시킬 뿐이다. 이 책을 보는 당신은 분명, 멋진 리더로 성장할 것이다

원칙	멀티플라이어의 생각	디미니셔의 생각
재능자석	내가 누군가의 재능을 발견할 수 있다면, 그 사람을 일하게 만들 수 있다.	사람들은 나에게 보고를 해야 한다. 그래야 그들을 일하게 만들 수 있다.
해방자	사람들의 최고의 생각은 자발적으로 나타난다.	압박을 가하면 성과가 높아진다.
도전자	사람들은 도전을 통해 더 똑똑해 진다.	나는 모든 답을 알고 있어야 한다.
토론주최자	여러 사람이 머리를 맞대면 답을 찾을 수 있다.	귀 기울여 들을 가치가 있는 사람은 몇 사람 안된다.
투자자	사람들은 똑똑하며 어떻게든 방법을 찾아낸다.	사람들은 내가 없으면 절대로 답을 알아내지 못한다.

(『멀티플라이어』리즈 와이즈먼. 그렉 맥커운. 한국경제신문사. P. 315, 2012)

추억을 남기는 서비스

서비스를 이용하면서 좋은 기억이 남는 곳이 있고 다시는 생각하고 싶지 않은 곳이 있다. 비용의 차별을 떠나 직원의 친절한 말 한마디 또는 친절한 행동 하나가 나를 웃게 하면 그곳은 참 즐거운 곳으로 인생의 추억 하나를 안겨 준다.

비싼 비용을 지불하고 외식하는 고급 레스토랑에서 종업원의 무뚝뚝한 태도에 그 저녁 시간이 불쾌해지기도 하고 생각지도 않게 허기를 달래기 위해 들어간 허름한 식당에서 정감 어린 주인아주머니의 말 한마디에 피로가 풀리고 기분 좋게 집으로 돌아온 경험을 누구나 한번쯤은 했을것이다.

나는 항상 현장에서 고객에게 좋은 추억을 주고 싶은 욕심이 있다. 눈을 마주치고 웃어 주고, 고객의 장점들을 찾아서 꼭 한마디씩 칭찬을 건넨다.

왔다 갔다 하면서 두 번 이상 마주치는 고객에게는 데스크에 고객의 진행 상황을 체크해 보고 얼마 후에 진행이 되는지 시간 안내를 해드린다.

아기와 동반한 고객에게는 아기와 함께 긴 시간 너무 고생하셨다는 인사도 건넨다.

재방문 고객에게는 더욱 반가움과 감사의 마음을 담아 응대한다.

요즘엔 커피숍이 건물마다 하나씩 있을 정도로 넘쳐난다. 커피 맛은 매장마다 조금씩 다르고 취향에 따라 선호하는 카페를 이용하게 되는데, 카페가 많이 있으니 이용하는 매장마다 분위기랑 서비스의 차별점을 보게 될 때가 많다.

내가 좋아하는 커피를 주문하는데 주문받는 바리스타가 무표정에 커피를 탁자에 탁 내려놓는 순간 그 커피는 맛있게 느껴지지 않는다. 그리고 다시는 가고 싶지 않게 된다.

역삼동 테헤란 로에 재직 당시 스타벅스 1호점이 국내에 처음으로 입점이 되었던 것으로 기억한다. 그때 직장 내 여직원들 사이에 스타벅스 커피가 유행했는데, 그때 심리를 살펴보면 다음과 같다.

스타벅스의 고급적인 인테리어와 후각을 자극하는 고소한 커피 향과 함께 바리스타들의 서비스에 매료되어서 "점심은 라면을 먹을지언정 커피는 스타벅스지."라는 말을 공공연하게 했던 기억이 난다.

명품가방을 들면 나 자신이 특별한 존재가 되는 심리와 맞아 떨어지는 듯한 스타벅스를 이용하는 고객들은 특별한 프라이드가 있었던 것 같다.

결코 저렴하지 않은 가격에도 그곳에 가면 내가 특별한 존재가 되는 매력이 있는 것 같다.

스타벅스에 가면 친절한 바리스타가 있고, 나의 닉네임을 불러주고, 나의 기호를 기억해주는 그런 서비스에 매료되어 여전히 나는 스타벅스를 사랑하고 있다.

우리 병원도 고객에게 추억을 줄 수 있는 것이 없을까? 이곳에 오면 그냥 편안하고 기분도 좋아지고 대기 시간도 적고 나의 시간에 대해 존중받는 기억을 줄 수 있다면 얼마나 좋을까?

한결같이 직원들이 이직 없이 그 자리에 있어 주고 늘 보던 직원들이 환하게 웃어주면 그것만큼 좋은 서비스는 없을듯하다.

상담을 할 때도 날씨에 따라 "비 오는데 오시느라 불편하진 않으셨어요?"

"날씨 너무 좋죠? 오늘 어떤 부분의 상담을 도와 드릴까요?"

"어떤 부분이 제일 고민되세요?"

상담 후반부에는 고객에게 꼭 결정 의견을 묻는다.

"어떻게 생각하세요?"

"이렇게 하시면 좋을 것 같은데 ○○○님 생각은 어떠신가요?"

결정권을 넘기는 것은 고객 스스로가 책임을 갖게 하는 긍정적인 측면이 있는 것 같다. 대부분의 고객은 내가 정확하고 전문적 상담을 해드리면 마땅히 가장 옳고 좋은 결정을 내리기 때문이다.

고객이 너무 일방적으로 끌려가는 기분이 들지 않으면서도 옳은 선택을 할 수 있도록 돕는 역할로 다가선다. 생명과 직결된 의료적인 부분은 당연히 예외가 되겠지만 말이다.

고객의 마음을 열어라. 그리고 추억을 선물하자.
서비스의 좋은 경험을 선사하라.

서비스를 디자인하라

서비스를 디자인할 수 있으면 얼마나 좋을까? 내가 그린 그림대로, 계획대로 고객이 그렇게 움직여 줄까?

절대 그렇지 않을 것이다. 반드시 고객의 심리를 깊이 들여다봐야 한다.

그리고 나서 우리 기업 또는 병원에 방문하는 고객의 심리에 따라 서비스를 디자인할 필요가 있다.

가령 우리 병원의 인테리어는 고급적인 분위기로, 아니면 편안한 분위기로 갈 것인지, 어떤 콘셉트가 결정이 되면 거기에 맞는 서비스 프로세스가 준비되어야 할 것이다.

쁘띠 미용의 경우는 타켓 층을 어느 연령대로 하느냐에 따라 친절한, 정중한, 밝음의 서비스를 디자인할 수 있을 것이다.

고급적인 분위기에서는 전 직원의 유니폼도 정중하게 갖추고 고객을 응대하는 언어도 조금 더 격식을 갖춰야 할 것이다.

편안한 분위기로 간다고 결정했다면 전 직원의 유니폼도 가볍고 편안한 복장으로 해서 고객이 언제든 편하게 걸어올 수 있도록 해야 하고 응대하는 언어도 친근한 말투를 쓰면 좋을 것 같다.

그렇게 서비스를 디자인하고 나면 그다음엔 고객도 그 프레임 안에서 우리가 디자인한 대로 서비스를 받을만한 행동과 언행을 하게 될 것이다.

이런 것들이 잘 정돈되고 정착되면 우리가 디자인한 서비스 컬러 대로 같은 취향들의 고객이 모이게 되고 우리 병원만의 개성적인 서비스를 디자인하게 되지 않을까?

어떤 서비스를 디자인하고 싶은가?

고객이 자산이다

서비스직에 오래 종사하다 보니 어느 날부터는 사람 많은 곳을 피하게 된다. 쉬는 날만큼은 한적하고 고요한 곳을 찾게 된다. 그러다 알게 된 곳이 아직도 많이 알려지지 않은 대천항에서 1시간 정도 들어가는 섬인데 작년부터 우리 가족은 그쪽으로 휴가지를 정해서 다니고 있다.

섬 전체를 다 돌아도 30분도 채 안 걸리는 작은 섬에 푸른 바다와 산, 한적한 민박집 몇 채만 있는 곳이다. 아예 한곳을 정해서 그 민박집만 이용하게 되는데, 올해는 시간될 때 갔을 때가 마침 비수기였다.

그런데 참 이상하다. 이 집만 손님이 많다. 다른 민박집은 손님이 없어 문을 닫은 곳도 있는데 이 집만 유난히 손님으로 가득하다.

내가 왜 이 민박집을 다시 찾았을까? 속으로 그 답을 물었을 때 나온 답은 바로 '주인아주머니가 친절하고 따뜻하니까' 이다.

그렇다. 서비스는 바로 이 인간다움에서 오는 것이다. 그냥 장사수단으로 고객을 대하면 고객도 바로 알아챈다. 그러니 이 주인아주머니는 거래가 아닌 관계로 고객을 대했던 것이다.

섬에 처음 왔을 때 뭘 해야 할지, 어디 가서 놀아야 할지 모를 때 우리에게 정보를 주었다.

"뒤로 가면 산책길이 있어요. 아침 드시고 거기 한 번 돌고 오세요."

이 밖에도 월별 섬의 변화와 재밌거리를 알려주고 따뜻한 집의 백반도 맛이 좋았다. 그래서 이런 주인 아주머니의 친절이 우리를 다시 이 섬을 찾게 했다.

내가 일하는 서비스 현장에서 고객에게 이런 좋은 추억을 남길 수 있는 일이 무엇이 있을까? 시술 결과가 좋은 것도 좋은 추억이 될 수도 있고, 데스크 선생님의 친절한 인사, 상담 실장의 전문적이고 정확한 상담 정보. 그리고 다시 찾았을 때 나를 알아봐 주는 일. 이 모든 일들이 모여 모여서 고객에게 좋은 추억을 줄 수 있을 것이다.

깨끗한 환경의 화장실, 불편했을 때 도움을 준 직원의 작은 손길. 점심때를 놓치고 근처에 볼일 보러 왔다 급하게 병원을 찾은 고객에게 주변의 맛집을 알려 드리는 일은 또 어떨까?

갑자기 쏟아지는 비에 안절부절 하는 고객에게 우산을 빌려 드리는 일.

고객에게 줄 수 있는 일은 아주 큰 것이 아니다. 우리의 진심이 담긴 친절함을 드리면 고객은 그것을 추억으로 기억하게 될 것이다.

part
2

고객 응대 요령

고객의 심리를 알자

고객의 기본 심리

환영 기대 심리

존중 기대 심리

독점 심리

자기 본위적 심리

모방 심리

우월 심리

보상 심리

　환영 기대 심리는 말 그대로 누구나 환영받기를 원하는 것
이다. 어떤 상점에 들어갔는데 점원이 손님을 본체만체 하고
하던 일을 계속 하고 있다면 누가 그 상점에서 물건을 사고 싶
겠는가? 서비스는 바로 고객의 이런 심리에서 시작되었을 것

이다.

독점 심리는 고객은 서비스에 대해 독점하려고 하는 심리가 있다. 나에게만 특별한 혜택이 있기를 바라고 다른 사람보다는 뭔가 하나라도 더 받고 싶어하는 심리이다.

우월심리는 고객은 기본적으로 자기가 더 우월하다고 생각한다. 기본적으로 돈을 쓰는 사람들의 특징이 갑의 성향을 가지므로 항상 상담자보다 우위에서 생각하는 경향이 있다.

모방심리는 고객은 유명인의 패션이나 외모를 따라 하고 닮고 싶어 한다. 그래서 많은 미용 병원들이 연예인들을 앞세워 마케팅을 하고, 소개로 오는 경우는 그런 심리라고 보면 된다.

보상심리는 고객은 자신의 돈을 지불한 만큼의 서비스를 원한다. 고객의 기대치에 못 미치거나 공평하지 못하다고 생각하면 바로 컴플레인을 걸어오는 것이다.

자기 본위적 심리는 고객은 항상 자기 위주로 생각하고 자기 상황에 맞게 판단한다고 한다. 규정대로의 설명을 해도 본인 위주에서 판단하고 그렇게 들었다고 하는 경우는 이런 심리가 기본이 되기 때문이다.

존중 기대 심리는 고객은 자기가 중요한 사람으로 인식되고 기억되길 바라는 심리를 말한다.

간단하게 요약 정리하면

고객은
기억되길 바란다.
세심한 배려를 원한다.
기다리는 것을 싫어한다.
칭찬받고 싶어한다.
기대와 요구를 수용해 주길 바란다.
병에 대한 불안감을 가지고 있다.
건강해지고 싶다.
자신의 질병에 관해 비밀을 지키고 싶다.
친절하고 책임감 있는 대우를 받고 싶다.

시대가 흐를수록 고객의 개성은 1인 100색을 띌 수도 있을

만큼 더 다양한 욕구들이 생겨날 수도 있겠지만, 기본적으로
알아야 할 고객의 심리라고 보면 좋을 것 같다.

PART 2

질문의 힘을 이용하라

사람마다 태어날 때의 환경은 다를 수 있다. 그러나 신이 우리에게 공평하게 주신 능력 중 하나가 사랑하는 힘과 질문하는 힘이라고 한다. 훌륭한 질문은 훌륭한 답을 만들 수도 있고 적절하지 못한 질문은 비난과 화살을 맞기도 한다.

고객의 상담에 있어서 중요한 것은 고객에게 끌려가지 않고 고객을 주도할 수 있는 힘이다. 그것이 바로 질문에 있다.

아이스 브레이킹으로 얼음같이 딱딱하고 무거운 분위기를 바꾸는 분위기 연출 기법을 고안해 보자. 작은 스킨십도 방법이다.

악수를 청하거나 내 소개를 먼저 함으로써 고객의 마음을 열어 놓는 일이 먼저 되었다면 그다음은 고객의 니즈를 파악하기 위한 질문들을 이어나가 보자.

질문이 어렵다고 생각되면, 리액션만 잘해도 대화를 이어가는 것이 쉬워진다. 고객의 말에 반복하고, 연결되는 질문을 던지고, 고객을 칭찬하고 고객의 말에 호응하면 아주 유쾌한 상담을 이어갈 수 있다.

폐쇄적 질문과 개방형 질문 중에서 보면 상담에서 유리한 것은 당연히 개방형 질문이라고 할 수 있다.

화가 난 고객이나 성격이 급한 고객에게 그 고객을 주도하는 힘은 질문에 있다는 것을 명심하자.

"고객님 지금 무엇이 제일 불편하세요? 그럼, 어떻게 되기를 원하세요?"

"아 그러시군요. 이렇게 이렇게 생각하고 계시는군요." -경청-

"많이 불편하셨겠네요." -수용-

내가 상담에서 실패했던 요인을 살펴보면 내가 고객보다 더 많이 알고 있다는 자만감에 고객을 설득시키고 가르치려고 할 때였다.

방어에 급급해 하지 말고 고객의 감정에 공감해 주면 고객은 우리 가까이 다가오게 되어 있다.

마지막은 반드시 긍정적인 질문을 던져라.

고객 성향에
따른 응대법(DISC 별)

주도형(Dominance)

이미지 : 머리가 크고 사각형의 얼굴이 많다. 광대는 튀어나왔고 두꺼운 입술과 넓은 어깨를 가진 것이 특징이며, 남자 중에는 대머리가 많다. 계절로는 '여름'형이라 할 수 있다.

♥ 장점

_ 경쟁적이며 적극적이다.

_ 의사 결정이 빠르며 결과 지향적으로 행동한다.

_ 속도가 빠른 것을 선호하고 위험에도 당당히 맞서며,
업무처리를 바로바로 하는 사람이다.

_ 권위/권력을 가지고 모든 상황이나 업무를 통제하고
주도하는 것을 좋아한다.

_ 변화와 도전을 즐기는 사람이다.

♥ 단점

  _ 인내심이 부족하고 과잉반응을 보이며 때때로 무례하
게 행동하기도 한다.

  _ 다른 사람들의 말을 듣는 것에 익숙하지 않으며, 경솔
하게 빠른 결정을 내릴 때도 있다.

  _ 사람들은 이 유형을 자기중심적으로 행동하고 늘 무
언가를 요구하고 지시하며, 퉁명스럽고 공격적인 사람
으로 받아들인다.

♥ 응대 요령

  _ 결과를 먼저 얘기해 주는 것이 좋다.

  _ 과도한 친절보다는 빠른 업무처리를 해주도록 한다.

  _ 주제에 집중하고 말을 끊지 말고 경청한다.

  _ 대안을 함께 제공한다.

  _ 피드백은 즉각적으로 준다.

  _ 문제에 초점을 맞춘다.

_ 세부사항에 초점을 맞춘다.

_ 많은 정보를 제공한다.

_ 업무/대화를 주도한다.

_ 말을 많이 한다.

_ 주제에서 벗어난다.

_ 느리게 행동한다.

_ 개인적인 문제를 언급한다.

대표적 주도형 인물로는 나폴레옹, 박정희, 정주영, 김대중, 이명박, 박신양. 박경림, 홍명보 등을 꼽을 수 있다.

사교형(Influence)

이미지 : 계란형으로 갸름한 얼굴. 턱이 뾰족하고 입술이 얇다. 항상 즐거운 얼굴을 하고 하체보다 상체가 발달되어 있는 경우가 많다. 계절로는 '봄'형이라고 할 수 있다.

♥ 장점

_ 말하기를 즐기며 사교적이고 늘 긍정적으로 생각하고 활발하게 행동한다.

_ 사람 지향적이며 에너지가 넘치고 정열적인 사람이기

도 하다.

_ 언제나 웃음을 잃지 않으며 사람들을 격려하는 일에
능숙하고 대인관계의 폭이 넓다.

♥ 단점

_ 세부적인 것에 집중하지 못하며 말을 너무 많이 하고
즉흥적이며 감정적으로 행동한다.

_ 주목받고 싶어 하고 너무 낙천적인 사람이기 때문에
상대방과 과장된 약속을 할 때도 있다.

_ 사람들은 이 유형을 부주의하며 충동적이고 Follow-
Up이 부족한 사람으로 받아들인다.

♥ 응대 요령

_ 관심을 가져 주고 가벼운 대화로 이어가는 것이 좋다.

_ 긍정적 분위기를 유지한다.

_ 인기와 관심을 받도록 도와준다.

_ 자신의 감정을 표현하도록 해준다.

_ 잡담할 시간을 충분히 제공한다.

_ 적극적으로 대화에 참여한다.

_ 많은 열정을 보여준다.

_ 상대에게 초점을 맞춘다.

🗨️

_ 상세하게 이야기한다.

_ 사교적 활동을 막는다.

_ 부정적인 문제를 언급한다.

_ 많은 규정과 규칙을 정한다.

_ 실용적인 것을 강요한다.

_ 비관적 또는 회의적인 주제를 다룬다.

대표적 사교형 인물로는 최수종, 이천수, 레오나르도 디 카프리오, 니콜라스 케이지를 꼽을 수 있다.

안정형(Steadiness)

이미지 : 둥근 얼굴형에 눈두덩이가 굵다. 여자 중에는 살찐 사람들이 여기에 해당되는 경우가 많은 편이다. 계절로는 '겨울'형에 속할 수 있다.

♥ 장점

_ 침착하며 도움을 주는 일을 좋아하며 인내심이 있고 겸손하며 느긋하게 행동한다.

_ 남을 지원하는 일을 즐기며 조직에 헌신하고 팀플레
  이를 우선으로 하는 사람이기도 하다.
_ 사람들의 말을 경청하고 사람들과 신뢰 관계를 유지
  하며 업무와 사람 관계에서 균형을 이루며 행동하는
  사람이다.

♥ 단점
_ 안정적이고 안전한 상태를 원하기 때문에 변화에 대처
  하는 능력이 부족할 수 있다.
_ 지나치게 협력적이므로 때때로 사람들에게 이용당하
  기로 한다.
_ 사람들은 이 유형을 너무 느리고 현상 유지에 집착하
  며 결정력이 부족하고 말이 없는 조용한 사람으로 받
  아들인다.

♥ 응대 요령
  💬
_ 우유부단한 성격으로 결정을 잘 못 내리므로 결정을
  도울 수 있는 멘트를 계속적으로 제시하는 것이 좋다.
_ 정한 순서대로 일을 진행한다.

_ 정말 필요한 것이 무엇인지 구체적으로 질문한다.

_ 아낌없는 지원을 제공한다.

_ 불확실성을 줄였던 선례를 준비해서 보여준다.

_ 공평하고 합리적으로 일을 처리한다.

_ 숨기지 않고 개방적 태도로 임한다.

_ 형식에 얽매이지 않고 부드럽게 대한다.

_ 약속을 지키지 않는다.

_ 기대하지 않았던 변화를 만든다.

_ 인간관계를 이용한다.

_ 충분하게 정보를 제공하지 않는다.

_ 속도를 높인다.

_ 의견수렴 없이 밀어붙인다.

대표적 안정형 인물로는 전도연, 전지현, 이승엽, 노태우, 최불암 등을 꼽을 수 있다.

신중형 (Compliance)

이미지 : 하얀 얼굴에 외모가 깔끔한 편이다. 차분한 인상과 청순한 이미지가 많고 눈, 코, 입이 아담하다. 계절로는 '가을'형이라 할 수 있다.

♥ 장점

_ 정확하고 논리적이며 사실 중심적, 분석적이며 주의 깊게 행동한다.

_ 일에 집중하는 능력이 뛰어나며 동시에 모든 것들을 완벽하게 처리하고 싶어 한다.

_ 일의 양보다는 질에 초점을 두고 일하는 사람이다.

_ 그룹에서 일하기보다는 혼자 일하기를 즐긴다.

♥ 단점

_ 너무 세밀한 부분까지 주의를 기울이기 때문에 업무 속도가 느리고 흠집 잡는 사람으로 여겨질 수 있다.

_ 전체 그림을 간과하는 실수를 저지를 수 있다

_ 그들은 전체 숲을 보지 못하고 숲 속의 나무에만 초점을 맞추게 되어 분석 방향을 잃어버리기도 한다.

_ 사람들은 이 유형을 비판적으로 너무 거리를 두고 행

동하며 비관적이고 차가운 사람으로 받아들인다.

♥ 응대 요령

📩⊕

_ 독립적이라 예의 없는 사람을 싫어하므로 매너 있게
다가가야 한다.

_ 침착하고 조심스럽게 질문에 답한다.

_ 관련된 모든 정보를 포함해서 철저하게 준비한다.

_ 속도를 줄이고 천천히 이야기한다.

_ 문서화된 자료를 활용한다.

_ 주요 이슈가 무엇인지 찾아내고 그것에 초점을 맞춘
다.

_ 생각할 시간을 준다.

_ 세부사항에 초점을 맞춘다.

_ 기준을 명확히 제시한다.

📩⊖

_ 빠르게 결정하고 행동한다.

_ 잡담에 시간을 허비한다.

_ 대화 시 가까이 다가간다.

_ 정보제공을 재촉한다.

_ 즉각적인 결정을 기대한다.

_ 격의 없이 대한다.

대표적 신중형 인물로는 간디, 조지 부시, 반기문, 이승
만, 신동엽, 멜 깁슨 등을 꼽을 수 있다.

♥ 대화 분위기 조성

가벼운 주제로 대화를 시작하여야 한다.

"아침 일찍 오시는 데 교통이용에 불편하신 점은 없으
셨나요?"

"참 부지런하신가 봐요."

"굉장히 인상이 좋으신데 어떤 고민으로 찾아오셨을까
요?"

♥ 말씨와 목소리로 고객 성향 파악

 _ 빠른 말씨로 계속 떠드는 사람은 경솔하다.

 _ 상대를 보지 않고 말하는 사람은 비밀이 있다.

 _ 중병에 걸린 사람처럼 소곤소곤 낮은 목소리로 말하
   는 사람은 불운한 인생을 살아갈 수 있다.

 _ 무섭게 말하는 사람은 의외로 근본이 정직한 사람이
   많다.

_ 대화 중에 궁상을 떠는 사람은 신용하지 말아야 한다.

_ 제스처가 큰 사람은 자기주장이 강하다.

_ 손바닥을 위로 향하고 말하는 사람은 건성으로 듣는 사람이다.

_ 큰 소리로 말하는 사람은 정직한 사람이다.

_ 턱을 내밀고 말하는 사람은 허풍이 심하다.

_ 경청을 잘하는 사람은 큰 인물이 된다.

_ 말투가 느린 사람은 성질이 느리거나 생각이 깊다.

_ 윗사람과 아랫사람을 다르게 대하는 사람은 실패한다.

컴플레인 응대 요령

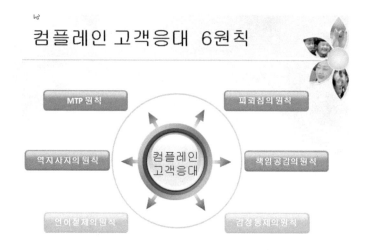

컴플레인과 클레임은 문제가 겉으로 표출되는 것은 똑같아 보이지만, 컴플레인은 직원들 선에서 해결되는 문제이고 이 문제가 직원들 선에서 해결되지 못해서 더 크게 문제가 되면 그

게 바로 클레임이다.

그래서 컴플레인 처리를 잘 못 하면 본사에 큰 손해를 줄 수 있으므로 컴플레인은 관리부터가 매우 중요하다.

그럼 컴플레인 응대 6원칙을 한번 살펴보도록 하자.

1. MTP 원칙

> MTP 기법은 M은 MAN(사람), T는 TIME(시간), P는 PLACE(장소), 즉 사람을 바꾸고, 시간을 두고, 장소를 바꾸는 것을 말한다.

가령 입구에서부터 흥분해서 들어오는 고객에게 밝은 인사를 건네며 원내 프로세스에 따라 "여기에 이름 쓰시고 접수하시고 기다려 주세요." 한다면 어떻게 될까?

이럴 경우에는 신속하게 처리하는 것이 우선이다. 다른 고객들로부터 분리된 자리로 안내하고 어떤 문제로 오셨는지를 체크한다. 후에 담당자와 연결하는 데까지 소요될 수 있는 시간을 안내하고 차 한잔을 권하며 기다려 주실 것을 양해 구하는 것이 첫 번째다.

2. 피뢰침의 원칙

고객이 화를 내는 이유는 자신의 영역에서 자신이 통제하지 못한 일이 발생한 것에 기인한다. 직원에게 화를 내는 것은 나에게 개인적인 감정이 있어서 화를 내는 것이 아니라 일 처리에 대한 불만으로 화를 낸다는 관점을 가지고 고객 담당자는 근무 규칙상 어떤 상황에서라도 화를 내거나 큰소리를 내서는 안 되므로 친절한 목소리로 응대할 수 있도록 한다.

3. 책임공감의 원칙

고객의 비난과 불만이 나를 향한 것은 아니지만, 조직의 일원으로 책임을 통감하고 고객불만을 해결하려고 노력해야 한다.

문제의 고객을 만나면 대부분 어린 직원들은 당장 피하고 싶어서 고객의 말을 끊고 담당자가 따로 있으니 앉아서 기다리라고 한다. 그러면 고객은 더 화난 목소리로 "담당자가 누군지 내 알 바 아니고 당장 해결해!"라고 언성을 높이는 경우도 있으므로 누가 되었던 문제의 고객을 만나면 적극적이고 신속하게 문제 해결을 하려는 노력이 필요하다.

4. 감정통제의 원칙

자기 관리를 잘하는 사람일수록 감정통제 능력이 뛰어나다. 고객이 큰소리를 친다고 같이 큰소리를 낸다거나 같이 흥분하는 일은 없어야 한다.

5. 언어절제의 원칙

컴플레인 응대 시 말을 많이 하는 것은 금기 사항이다. 특히, 주도형이 강한 성격의 고객일수록 말을 많이 하면 더 화를 내는 경우가 있다. 컴플레인이 들어오면 즉각적 사과와 함께 고객의 불편함을 들으려는 자세로 접근해야 한다.

6. 역지사지의 원칙

나 또한 일터를 벗어나면 고객이 된다. 입장을 바꿔서 생각을 해보고 고객의 불만이 아주 이해 안 되는 것도 없다. 그러나 일하는 입장에서 너무 감정에 치우치다 보면 고객에게 끌려갈 수 있어서 역지사지로 이해를 하되 규정 안에서 "당신을 위해 내가 최선을 다하고 있어요."라는 진실을 담아 응대하면 대부분의 고객들은 이해를 하게 된다.

물론 악의적 블랙컨슈머의 경우는 강하게 대처할 필요가

있다. 블랙컨슈머가 생기는 요인으로는 높은 기대 수준과 왜곡된 소비자 권리 의식에서 비롯된다.

기업은 과장 광고나 부정확한 정보를 제공하는 것을 주의하고 좋은 서비스가 실행되도록 노력해야 한다.

다음은 병원에서 근무할 때 컴플레인 응대 매뉴얼로 만든 내용이다.

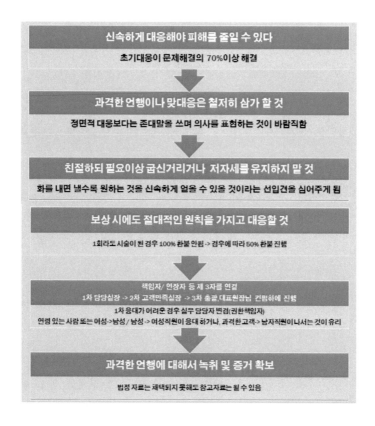

시간적인 간격을 두거나 장소를 바꿔서 분위기 전환

우선 사실 확인 및 내부 검토를 위해 전화를 주겠다는 약속을 하고 시간여유 및 간격 확보

인터넷 유포 협박에 흔들리지 마라

확인되지 않은 내용을 언론이나 인터넷 유포 시 "협박죄"가 인정될 수 있음
또한 금전적인 대가를 요구하면서 이러한 위협을 해온다면 "공갈죄도 성립가능
뿐만 아니라 "명예 훼손죄"는 사실을 유호한 경우에도 포함된다는 사실을 참고

사례별 예시

○ 효과 효능에 불평하는 고객

살이 안 빠진다고 불평하는 고객

⋯➤ 차트 확인:방문횟수 점검 진단.문제없다면 추가 치료 권유

1. 충분한 감량이 되었는데도 더 감량해 달라는 고객

⋯➤ 식사일지 체크하고 건강 체크해 주기

⋯➤ 규칙적인 식사 권유(근육량을 늘리도록 운동 권유)

2. 사소한 부작용에도 불평이 심한 고객

…▸ 고객의 감정을 공감해주고 고객을 안심시켜주고 의료적
상식을 안내한다.

적절한 치료 조치(고객 부주의는 없었는지도 체크해봐야 한다)

3. 결과가 좋음에도 불구하고 억지로 우기는 고객

…▸ 시술 전, 후 사진 보여주기

…▸ 쁘띠 시술의 장점은 티 나지 않게 예뻐지는 데 있다고
설득 후 자연스럽게 잘 되었음을 충분히 설명한다. 부
족한 부분에서는 충분한 시간을 주고 생각해 보고 추가
시술을 하시도록 권유한다.

○ 치료 외적으로 은밀한 제안을 하는 고객

1. '식사 같이하자' 등 개별적인 만남을 원하는 고객

…▸ 병원 규정상 어렵다고 양해를 구하고 무슨 일인지 병원
내에서 할 수 있도록 유도한다.

2. 거래를 요구하는 고객

…▸ 신경 써 주서서 감사하다는 인사를 드리고 "제가 서비스
권한이 없어서 소개해 주시면 원장님께 말씀 잘 드려서

서비스해 드릴 수 있는 부분이 있으면 해 드릴게요."라고
잘 유도한다.

3. 치료를 은근히 더 요구하는 고객

⋯→ 공감해 주고, 원인 설명 후 "저는 의료진이 아니라서 원
인 판명 없이 추가적 치료를 해드리기는 어렵습니다. 오
늘은 일단 원장님 진료를 보시고 추가적인 치료가 필요
하면 비용이 발생할 수 있으니 이해해 주세요."라고 설명
한다.

4. 비정상적인 경로로 시술 원하는 고객

⋯→ 불법이라고 단호히 말하고 정중히 거절한다. 의료법 27
조에 '5년 이하 징역, 2천만 원의 벌금'도 언급한다.

O 태도가 좋지 않은 고객들

1. 성의 없거나 무 성실 답변으로 상담에 임하는 고객

⋯→ 시술 종류를 설명하고 그 전에 어떤 시술 경험이 있었는
지 체크하고 시술 후 크게 만족감을 못 느낄 타입이라고
판단되면 간단한 시술만 권유한다.

2. 내원 약속을 지키지 않는 고객

   ⋯▶ 당일 예약변경 및 시간을 지키지 않았을 경우 대기시간 안내 후 진행하거나 어려운 경우 돌려보낸다.

3. 과거 병력이나 시술 이력을 속이는 고객

   ⋯▶ 겁을 줄 필요가 있다. 예를 들어 다른 환자 부작용 사례를 들어주면서 진실을 이끌어낸다.

4. 말이 많은 고객

   ⋯▶ 주된 이유를 묻고 오늘은 이것만 안내하고 다음번에 시술 결정을 하게 되면 그때 가서 설명을 다시 드리겠다고 이야기한다.

5. 다른 병원이나 치료자를 험담하는 고객

   ⋯▶ 맞장구치기보다 말을 돌리도록 한다.

6. 시간 개념이 없는 환자

   ⋯▶ 이번만 예외적으로 해드린다고 하고 두 가지 시술 중 한 가지만 할 수 있고 다음번에 시간을 넉넉히 잡고 오실 수 있도록 설명해 드린다.

7. 특정 시술이나 처방을 극도록 거부하는 고객

   ⋯▶ 좋은 결과를 보시는 것이 저희 병원도 목표이기 때문에

원하시는 것만 하셨을 때는 큰 효과를 보실 수도 없고 어차피 시간 내서 하시는 거면 원장님께서 권하시는 시술을 하시는 것이 좋다고 권유한다.

8. 주변에서 하는 이야기만 듣고 거부하는 경우

⋯➤ 안전하다고 설명하고 원장님의 전문성을 설명하고 믿고 하시라고 설득한다.

9. 즉각적 효과를 보려고 하는 경우

⋯➤ 수술이 아닌 비수술로 즉각적인 효과 보다 자리 잡는 시간과 과정이 필요함을 충분히 설명한다.

○ 감정적인 고객들

1. 반말하는 고객

⋯➤ 극대화로 격식을 갖춰서 이야기한다. 우회적으로 이야기한다.

2. 진료 후에도 두세 시간 동안 계속 있는 고객

⋯➤ 자리를 옮겨서 차 한잔 드리면서 얘기를 유도한다. 마무리 설명을 정확히 해준다.

3. 난폭한 고객

···▶ 평정심을 유지하고 남자 직원의 도움을 받는다. CCTV 녹화 중인 것을 인지시켜 주는 것도 필요하다.

4. 변심하는 고객

···▶ 환불 동의서나 규정에 근거하여 1회라도 시술이 진행되었다면 환불이 어려움을 안내한다. 시술 전 고가의 시술이면 다른 시술로 권유해 본다

5. 치료 후 환불을 주장하는 고객

···▶ 규정 안내 후에도 설득이 안 되면 제3자를 통한 해결을 제시한다.

6. 자연스러운 현상을 시술이 잘못되었다고 우기는 고객

···▶ 시술 전, 후 사진을 비교해서 보여주고 원장님 진료로 의학적 소견을 설명한다.

7. 타 병원과 가격을 비교하면서 무시하는 고객

···▶ 제품별 특징과 가격 차이가 날 수밖에 없는 타당한 근거를 제시한다.

8. 감정을 상하게 하는 고객

···▶ 즉각 응대보다는 시간을 두고 상담을 진행한다.

9. 충동성이 있는 고객

　⋯▸ 컨설팅을 충분히 해주고 고객 상태에 맞게 상담 진행하고 마음이 바뀔 수 있으므로 당일 바로 진행해서 보내야 한다.

○ 특수 케이스

1. 신체 망상증 고객

　⋯▸ 최근에 힘든 일이 있는지 심리·정신적으로 체크해 주고 설득해서 귀가시킨다.

2. 미성년자

　⋯▸ 보호자를 동반해서 상담할 수 있도록 안내한다.

3. 술 마시고 온 고객

　⋯▸ 부작용이 있을 수 있다고 설명하고 귀가시킨다.

4. 다른 곳에도 다니고 이중적으로 상습 시술받는 고객

　⋯▸ 차트를 확인하고 다른 곳에서 시술 이력 있는지 반드시 체크한다.

5. 가족 중에 의료진이 있는 고객

···▸ 안전하고 사실적 근거를 설명하고 원장의 전문성에 대해 확신을 주고 직접 연결해 드린다.

6. 가족이 반대하는 경우

···▸ 환자의 정보 보호가 우선이다. 사적인 일에는 개입하지 않는 것을 원칙으로 한다. 서로 얘기하고 나서 궁금한 점은 오시면 설명드리겠다고 하고 길게 말하지 않도록 한다.

7. 퇴직한 직원

···▸ 재직 직원, 퇴직 직원, 직원 가족 할인율을 규정화해 놓으면 좋다.

컴플레인 고객 성향별 대응 요령

○ 막무가내형

　이런 사람들은 대개 자기주장이 강하고 주장이 관철된 이후에도 담당 직원에 대한 징계 또는 해고 등을 요구하기도 한다.

　우선적으로는 "죄송합니다."라는 말로 화를 누그러트린 다음 직원에 대한 요구는 다음과 같이 답변한다.

　"원내에서 담당 직원에 대해 징계 및 경고 사유서를 받아서 처리할 예정입니다. 고객님께 불편드린 점 다시 한 번 사과 드리고 앞으로 이런 불편사항이 발생하지 않도록 원내에서도 다시 한 번 서비스 재정비하도록 하겠습니다. 감사한 조언으로 받아들이며 넓은 마음으로 양해해 주시면 좋겠습니다."

　이렇게 처리하면 대부분 수용하나 정말 대책 없는 요구나 상식 없는 요구를 하는 고객은 엄중히 대응할 필요가 있다.

○ 폭언형

　실제로 현장에서 폭언을 하는 고객들을 응대하다 보면 문제가 의외로 단순할 때가 많았다. 이런 유형의 고객들은 먼저 즉각적인 사과와 동시에 단독 상담실로 이동 후 불만의 핵심

내용을 파악하는 것이 중요하다. 그리고 따뜻한 차를 대접하고 약간의 공백 시간을 갖는 것도 좋다.

○ 담당자 말고 윗사람 나오라고 하는 고객

"우선 고객님의 감정을 충분히 이해합니다. 그러나 우선적으로 고객님의 문제를 해결해드리기 위해서는 제가 이 일의 담당자이므로 저와 이야기를 하셔야 문제 해결이 됩니다."라고 단호하게 이야기한 후 불만 내용을 파악한다

앞서 말한 것처럼 세상에 나쁜 고객은 없다고 가정해 보자. 그렇다면 고객에게 너무 굽신대거나 비굴해질 필요는 없다. 인격 대 인격으로 고객을 대하고 무례하거나 너무 쩔쩔매는 모습만 보이지 않는다면 대부분 대화로 풀 수 있는 문제들이다.

미리 겁먹지 말자. 너무 심하게 감정을 건드리는 고객에게는 다음과 같이 말한다.

"고객님, 저는 이곳에 근무하는 책임자로 고객님의 불편함을 해결해 드리거나 최소화할 수 있도록 책임을 다하려 하고 있습니다. 그러나 고객님께서 계속 이렇게 크게 언성을 높이시고 화를 내시면 제가 고객님의 불만을 제대로 전달받기가

힘들어집니다. 또한, 고객님을 어떻게 도와 드려야 할지 제대로 판단을 할 수가 없게 됩니다. 고객님 감정 충분히 존중합니다. 그러니 조금만 천천히, 차분히 말씀을 해주시면 적극적으로 고객님의 불만 해결에 최선을 다하겠습니다."

고객과 소통하는
긍정적 화법

고객 만족 응대 화법 ❶

고객만족 응대 화법1

긍정적인 표현

* "이곳에서 담배 피워서는 안
  됩니다"(X)

* "건물 바깥에 흡연실이 마련되어
  있습니다."(O)

청유형의 표현

* "조금만 기다려 주세요?"(X)

* "조금만 기다려 주시겠습니까?"(O)

긍정적인 표현 : 고객의 자존심을 건드리지 않으면서도 우리가 요구하는 것을 기분 나쁘지 않게 전달하는 효과가 있다.

어려서부터 부모로부터 거절을 많이 당한 사람들이 부정적 표현을 많이 쓴다는 연구 보도를 본 적이 있다. 특히 한국사람들의 특징이 "이것 좀 해 주면 안 돼요?" 이런 표현들을 많이 하고, "배고파 죽겠다.", "피곤해 죽겠다.", "힘들어 죽겠다." 이런 부정적 언어습관이 많다. 긍정적 질문은 긍정적 답을 유도해 낸다. "이것을 해 주실 수 있으세요?", "이렇게 해 주면 감사하겠습니다." 등의 긍정적 표현을 습관화해 본다.

청유형의 표현 : 명령조가 아니라 청유함으로써 고객 스스로 움직이게 하는 효과가 있다.

고객만족 응대화법 2

개방적인 표현

- "오늘 하루 즐거우셨습니까?"(X)

- "오늘 하루 어떠셨나요?"(O)

완곡한 표현

- "그렇게 하는 것보다 이렇게 하면 어떨까요?"

- "모르겠는데요"→ "제가 알아봐 드리겠습니다."

개방형 질문과 폐쇄형 질문이다. 개방형은 대답의 범위가 넓은 반면에 폐쇄형은 "예.", "아니요."로 한정된 대답이 나오게 하는 질문의 형태가 많다.

완곡한 표현은 부드럽게 전달하는 화법이다.

고객만족응대화법 3

쿠션언어의 표현

- "미안합니다만,~~"
- "죄송합니다만,~~"
- "실례합니다만,~~"
- "바쁘시겠지만,~~"

I-메세지 표현

- "넌 왜 그렇게 하니?"(X)
- "네가 그렇게 하니깐 내 마음이 상해!"(O)
- "당신 왜 매일 지각해?"(X)
- "당신이 지각할 때마다 내가 신경이 곤두선다구"(O)

쿠션 언어의 표현은 우리가 정중히 부탁해야 할 때 "미안합니다만", "죄송합니다만", "실례합니다만", "바쁘시겠지만" 등의 부드러운 언어를 통해 고객에게 요청을 할 때 사용된다.

가령 고객이 원하는 시간으로 예약을 못 해줄 경우, 쿠션 언어를 사용해서 이야기한다면, "바쁘시겠지만, 다시 한 번 일정을 조정하셔서 00날로 예약을 도와드리면 어떨까요?"

I 메시지는 말하는 주체가 상대가 아닌 내가 되어서 하고자 하는 말을 전달하는 것이다.

이 메시지의 최대 효과는 상대의 기분을 상하지 않게 하면서 개선을 요구할 수 있다는 점이다.

개인적으로 I 메시지 화법을 잘 활용하는 편이다. 아이들을 키우면서 "네가 계속해서 그 행동을 할 경우 엄마는 화가 날 것 같아. 네가 이렇게 해주면 엄마가 기분이 좋고 마음이 안심될 것 같은데 네 생각은 어떠니?" 그러면 아이들은 스스로 옳은 것으로 결정하게 되고 스스로 자존감을 높이 가지게 된다.

고객만족 응대 화법 4

감성 TALK

* 구체적인 칭찬 + 칭찬요소가 나에게 어떤 효과를 주는지 언급

  "목소리가 참 좋으세요~
  상대방 기분이 좋아지게 하는 목소리세요"

요즘 광고를 보면 감성 마케팅을 많이 활용한다.

제품에 대한 특징을 알리기보다는 그 제품이 전하고자 하는 이미지나 가치를 감성을 이용해 소비자에게 전달하는 것을 볼 수 있다.

앞으로 기업이나 병원 서비스도 소비자의 감성을 터치해주는 마케팅이나 서비스로 방향을 나아가는 것이 바람직하다고 생각한다.

고객만족 응대 화법 5

상황별 맞장구

* 동의

"맞아요~/그쵸죠~/바로그거예요!/그럼요"

* 공감

"아...그러셨겠어요/당황하셨겠네요/불편하셨겠네요"

* 호응

"그래서 어떻게 하셨어요?/그 다음에는요? /정말요?"

* 정리

"그래서 (이렇)다는 말씀이시죠?/(그렇다는) 말씀이시네요"

마지막으로 가장 중요한 맞장구 호응이다. 컴플레인 고객 상담뿐 아니라 상담 시에도 가장 기본이 되는 화법이다. 상담 시 보통 '다까체'를 7 대 3의 비율로 쓰면 전문적으로 고객에 게 신뢰를 줄 수 있어서 권장하는 화법이다.

어떤 물건을 싸게 또는 비싸게 파는 것이 중요한 것이 아니 다. 우리의 태도나 화법에서 고객이 함부로 할 수 없는 품위가 지켜지고 서비스가 나가야 한다. 우리가 고급레스토랑이나 호 텔 같은데 가서 값을 흥정하거나 무례한 행동을 하지 않는 이유가 무엇인지 생각해 보면 답을 찾을 수 있을 것이다.

중요한 것은 기계적 음성이 아닌 진심이 담긴 친절한 말투와 서비스이다. 우리가 입으로는 "사랑해."라고 말해도 눈으로 사랑을 말하지 않으면 듣는 상대는 사랑의 마음을 전혀 느끼지 못하는 것과 고객도 똑같다. 서비스를 하는 기업이나 병원에서는 첫인사와 마지막 인사에 진실만 담아 할 수 있다면 서비스 80%는 했다고 봐도 된다.

관찰의 말과 판단의 말이 있다.

판단의 말은 나의 가치관과 상대의 가치관과 충돌이 있을수 있어서 고객에게는 관찰의 말로 다가서야 한다. 기린은 다른 동물에 비해 심장이 크다고 한다. 목이 길어서 스스로가 피를 전달하기 위해 그렇게 진화되었다고 한다.

그래서 우리가 부드러운 말은 기린의 말이라고 표현하고 다소 폭력적인 말은 사나운 야수로 비유하기도 한다.

고객을 향해 기린의 심장을 품고 다가가 보면 어떨까?

○ 피해야 할 화법

"고객님 그런 뜻으로 말씀드린 건 아니잖아요?"

"너무 큰소리 내지 마시고요."

"제가 그때 정확히 말씀드렸는데요."

"규정상 저로서도 어쩔 수 없는 부분이라서요."

"고객님이 잘 못 알고 계셨네요. 말씀을 빨리하시지 그러셨
어요."

"오늘은 좋아 보이시네요?"

⋯→ "오늘도 좋아 보이시네요."

"좋아요. 해 드리죠."

⋯→ "네. 해드리겠습니다."

"여기 앉아 주세요."

⋯→ "여기 앉아 주시겠습니다."

"할 수 없습니다."

⋯→ "바로는 안되지만, 조금 기다리시면 가능합니다."

"몰라요."

⋯▸ "잠시만 기다리시면, 확인 후 알려 드리겠습니다."

○ 플러스 대화법

플러스 대화법은 말 그대로 문장 끝에 말을 덧붙여 상대방 기분을 상하지 않게 말하는 화법이다.

가령, 직장 동료에게 일을 부탁할 때도 "나 이것 좀 해줘."라고 말하는 것보다는 "나 이 일 좀 부탁해, 끝나고 내가 밥 한번 살게, 고마워." 이렇게 하는 것이 좀 더 부드러워 보인다.

상담할 때 이 대화법은 활용한다면 다음과 같다.

"비용이 조금 비싸지만, 그만큼 결과는 아주 좋습니다."

"시술 직후는 조금 부을 수 있는데 시간이 지나면서 조금씩 가라앉으실 거구요. 피부가 아주 환해지실 거에요."

"조금 비싸기는 하지만 질이 아주 좋습니다."

"질은 좋지만 조금 비싸요."

여기서 포인트는 전, 후로 문장을 나눴을 때 부정적인 내용을 전으로 하고 후반부는 가급적 긍정적 표현을 해 주면 효과적이다.

○ 항의 처리 8단계

❶ 환영

"○○○님 안녕하세요?"(약간의 스킨십과 더욱 반가운 인사로 다가간다)

❷ 경청

"전화로 내용은 전달받았어요. 우선 여기 편하게 앉으시고 제가 한 번 볼게요. 차 한잔 드시겠어요?"

❸ 감사와 공감 표시

"저희 병원 믿고 하셨을 텐데 그 부분 정말 감사드립니다. 그래서 더욱 화가 나셨을 거라 공감합니다."

❹ 정중하게 사과

"제가 대신해서 사과드릴게요. 거듭 죄송합니다."

❺ 해결 약속

"이 부분에 대해서는 제가 해 드릴 수 있는 최선의 방법으로 최대한 빠른 시일 내에 해결해 드리도록 약속드리겠습니다."

⑥ 정보 파악

예를 들면 치료 시기에 따른 회복기가 필요한 경우는 고객의 개인 일정 스케줄을 체크해야 한다. 혹시 추가적 비용이 들어가야 하는 경우라면 고객의 경제적 측면도 체크해 보아야 한다.

⑦ 신속 처리

신속히 처리해 드리는 것에 대해 약속드리고 귀가를 안내한다.

⑧ 피드백

하루를 넘길 경우 업무가 종료되기 전에 고객에게 금일 어떠한 이유로 해결이 늦어졌는지에 대한 설명과 함께 양해를 구하고 언제까지 할 수 있겠다는 대략의 기한을 설명한다.

감동과 만족으로 평생 고객을 만드는 10가지 서비스 전략

1. 고객에게 함부로 "안 된다."고 말하지 않는다.

2. 해보지도 않고 먼저 포기하지 않는다.

3. 내 인상이 고객에게 신뢰감을 주는지 관찰한다.

4. 고객을 대하는 태도와 발성에 주의한다.

5. 항상 공부하고 배우는 자세를 가진다.

6. 고객의 마음을 미리 읽고 준비한다.

7. 도와준 동료에게 꼭 잊지 말고 감사 인사를 한다.

8. 동료와 좋은 관계를 유지하도록 노력한다.

9. 재충전 시간을 갖고 자신을 소중히 한다.

10. 사명감과 열정을 가지고 일한다.

－『컨시어지』본문 中

『컨시어지』본문 중에 나와 있는 서비스 전략이다.

실제로 현장에서 일하면서 느끼는 것은 항의하는 고객에게 단호한 어투로 "안됩니다. 그렇게는 어려워요." 이런 결론적인 말을 서두에 꺼내면 그 이후에는 대화조차 어려워지는 것을 경험하게 된다.

그래서 가급적 결론은 뒤에 가서 붙이고 앞에는 항상 고객의 입장과 마음을 공감해주고 경청해 주는 것으로 시작해야 한다.

그리고 방문하지 않았지만, 유선으로 문제 제기를 하는 고객들도 있다.

이럴 경우에는 고객을 기다리게 하는 것은 절대적으로 피해야 한다. 간혹 담당자들이 전화 접수된 내용만 보고 미리 겁을 먹고 통화하기를 꺼리고 피하는 경우가 있는데 실제로 전화해보면 고객이 의외로 편하게 대화를 해오는 경우가 많다.

서비스 현장에서 일하는 사람이라면 외모에 신경 써야 하는 것은 당연하다. 가령 우리가 집에 손님을 초대한다고 가정할 때, 대청소하고 정성스런 음식을 준비하고 깔끔한 옷 매무새를 하고 맞이하지 않는가?

계절에 맞는 메이크업과 단정하고 깔끔한 유니폼, 흐트러지지 않는 머리는 기본일 것이다.

무엇보다 현장에서 같이 근무하는 동료와의 관계를 소중히 여기고 좋은 관계 유지에 힘써야 한다.

그래야 고객에게도 좋은 서비스를 전해 드릴 수 있기 때문이다.

다음은 평소에도 종종 마음에 새기는 중용에 나와 있는 말이다.

기차치곡 곡능유성 성즉형 형즉지 지즉명
명즉동 동즉변 변즉화 유천하지성위능화

그다음 사람은 간곡함에 이르니
간곡하면 정성스럽고
정성스러우면 나타나고
나타나면 뚜렷해지고
뚜렷하면 밝고
밝으면 움직이고
움직이면 변하고
변하면 화하니
세상은 오직 지극한 정성이어야 변하게 할 수 있다.

『중용』 23장

이것을 영화 '역린'에서는 이렇게 풀었다.

작은 일도 무시하지 않고 최선을 다해야 한다.
작은 일에도 최선을 다하면 정성스럽게 된다.
정성스럽게 되면 겉에 배어 나오고
겉에 배어 나오면 겉으로 드러나고
겉으로 드러나면 이내 밝아지고
밝아지면 남을 감동시키고
남을 감동시키면 이내 변하게 되고
변하면 생육된다.

『중용』 23장

그러니 오직 세상에서 지극히 정성을 다하는 사람만이 나와
세상을 변하게 할 수 있는 것이다.

난 이 대목에서 정말 많은 감동을 받았다. 성인이 되면서 작
은 일에 정성을 다하는 것이 정말 어렵다는 것을 한 번씩은
느꼈을 것이다.

흔히 작은 일은 무시하고 보여지는 큰 일만 중요하게 여기
는 사람들이 얼마나 많은가!

나는 평소 미용실 가는 시간과 쇼핑하는 시간을 좀 아까워

하는 편이다. 나의 삶 자체가 너무 분주하기도 하고, 그래서 줄일 수 있는 시간은 줄이고자 하는 마음에서 살다 보니 집에서 셀프 염색하고 밑머리는 가위로 쳐내고 쇼핑은 이동 중에 핸드폰을 이용해 인터넷 쇼핑을 한다. 그런데 책을 쓰려고 마음먹으면서 다양한 서비스를 경험하는 일도 필요한 일이기에 얼마 전 강남에 꽤 유명한 미용실을 가봤다.

동네 헤어샵과는 전혀 다른 분위기다.
우선은 다른 고객과 거울로 마주 할 일 없게 인테리어가 되어 있었다. 그리고 스탭 한 명이 처음부터 끝까지 나를 케어해 준다.
책을 한 권 들고 자리에 앉으니 내 시간에 최대한 방해하지 않게 머리를 정리해 준다.
이어서 샴푸를 하는데 아무래도 초보 스탭인가 보다. 손가락 하나하나 정말 조심스럽게 움직인다.
그것이 눈을 감고 누워있는 나에게 고스란히 전해 오자 나올 때 그 수고에 대한 감사 표시를 하고 싶어져서 해외에 나가는 일 외에는 국내에서 팁을 주는 일이 거의 없는데 그 작은 일에 정성해 다해준 스탭에게 고마움을 전하고 나왔다.

고객은 우리 행동의 진심과 가식을 너무도 잘 눈치챈다. 부정적 감정은 반경 2km 내에도 전달이 된다는 얘기를 들은 적이 있다.

내가 샴푸서비스를 받으면서 조심스러운 손길을 느낀 것처럼 고객도 내가 고객에게 어떤 마음으로 말을 하고 있는지 형식적인지, 억지로인지, 진심인지 단번에 알아챈다.

이런 생각을 해봤다. 전에 근무했던 병원은 하루 내원 객이 150~200명가량이다. 그러다 보니 평균 하루 2~3건씩은 대기시간에 대한 불만이 접수된다.

대기시간에 대한 고민을 하면서도 시스템을 바꾸지 않는 이상은 안돼라고 단정 짓고 있었는데, 미용실에 앉아 있는 짧지 않은 시간 동안 난 직원들의 표정들을 보았다. 다들 웃음 띤 얼굴로 너무도 친절하게 자기 맡은 일을 하고 있었다.

만약, 직원들이 표정이 짜증 나 있었다면 기다리는 내내 나 또한 시간에 대한 불만을 가지며 덩달아 짜증이 났을 것이다.

그래서 생각한 것이 우리가 시스템적으로 바꿀 수 없다면 직원들의 서비스 마인드를 키워주면 어떨까이다. 어쩌면 고객들은 우리가 행복하게 일하는 모습을 보면서 체감적으로 대기시간에 대해 짧게 느끼면서 '여기엔 뭔가 특별함이 있을 것 같아.' 또는 '바쁜데도 저렇게 웃으면서 일하는 모습이 보기 좋다.' 또는 '여긴 원장님이 직원들에게 잘해주나 보다. 여긴 좋은 병원인 게 틀림없어.' 이렇게 느낄 수도 있을 것이다.

우리가 맛집에 줄 서서 기다리면서도 즐겁게 줄을 서는 이유는 맛에 대한 기대와 설렘이 있기도 하지만 현장의 그 열정적인 분위기와 직원들의 역동적인 모습을 보면서 지루한 시간을 달래면서 기다리는 것도 있다.

3

생각의 위대한 힘

관점을 바꾸면 복잡한 문제도 쉽게 풀린다
단순함이 힘이다
스펀지의 힘
유머감각을 키우자
자신만의 스트레스 해소법을 만들자

관점을 바꾸면
복잡한 문제도 쉽게 풀린다

결혼 10년 되던 해에 시아버님의 병환이 깊어지면서 둘째 아이 육아와 직장생활 병행이 어려워지자 15년간 해오던 기업 회계일을 놓을 수밖에 없었다. 그 후 아버님이 돌아가시고 이어 어머니께서 뇌경색으로 쓰러지셔서 복직할 시기를 놓치고 2년간 병간호와 육아에 매달릴 수밖에 없었다.

다시 재취업하려고 했을 때 내 나이 서른여덟 살. 기업에서는 연봉이나 나이가 부담스러울 수밖에 없으니 이력서를 넣어도 아무 연락이 오지 않았다. 결국, 지인의 소개로 작은 사무실에 아웃바운드 아르바이트로 일하게 되었다.

처음 접해보는 직무에 호기심도 생기고 흥미도 갖게 되면서 본격적으로 일하고 싶어서 알아보던 중 300명 정도의 여성들로 구성된 카드사에 들어가게 되었다. 3일 내지 일주일마다 옆자리 사람은 수시로 바뀌었다. 처음엔 새로운 일이 재미있었고 비대면의 상담에서 고객들이 내 얼굴도 모르는 데 따라와 주고 승낙해주는 것이 너무 신기했다.

그래도 몇 개월이 지나자 하루 종일 같은 말을 반복하는 것이 너무 지겨웠다.

그래도 1년은 해야 하지 않나 싶어서 생각을 바꿔 보기로 했다. '그래도 회계일처럼 밀린 일도 없으니 아침 출근도 가볍게 할 수 있고, 점심시간도 쓸 수 있고, 뭐 배우나 연기자들도 같은 공연을 하루에 2번씩 1년, 2년 길게는 몇 년씩 하지 않는가. 나도 뮤지컬 배우라고 생각하지 뭐. 오늘도 같은 대사로 전화선에 목소리를 싣지만, 전화를 통해 만날 고객은 날마다 새로운 관객이 될 테니 얼마나 재미난 일인가!'

이렇게 마음을 먹으니 재미가 생겼다. 오늘은 어떤 고객을 만나게 될까? 하는 기대감마저 생겼다. 실적도 높아서 상위 몇 % 에 들만큼 성과도 좋았다. 나중에는 고객의 음성만 들어도 대략 어떤 기질의 고객인지도 파악할 정도가 되었다.

길지 않은 시간 콜 센터 근무를 통해 자신감과 관점을 바꾸는 방법을 배우는 값진 경험을 했다.

컴플레인 고객을 만날 때도 생각을 달리 한다. '이 분도 시간 남아서 여기 와서 일부러 이렇게 할 일은 없을 테고 얼마나 피곤하실까? 나라도 그럴 수 있지.'라고 생각하고 다가가면 고객의 불만 처리도 쉽게 풀어나갈 수 있다. 그리고 컴플레인 고객과도 좋은 친구가 될 수 있었다.

요즘 개미 시리즈가 여러 버전으로 나와 있다.

개미 시리즈 1탄은
개미는 여름에 허리띠를 졸라매면서 열심히 일해 겨울에 잘 먹고 잘 살았다.
베짱이는 여름 내내 기타 치며 노래하고 놀다 겨울에 굶어 죽었다.

개미 시리즈 2탄은
개미는 여름에 허리띠를 졸라매면서 너무 열심히 일한 탓에 허리 디스크 병을 얻었다.
베짱이는 여름 내내 기타 치며 노래하며 놀다 어느 날 그

노래가 히트 쳐서 하루아침에 대스타가 되었다.

개미 시리즈 3탄은
개미는 허리디스크를 치료하기 위해 종교를 갖게 되고 열심
기도해서 병이 나았고 감사하며 잘 살았다.
베짱이는 스타가 되자 교만에 빠져 허랑방탕한 세월을 보내
다 번 돈을 다 탕진하고 구걸하는 신세가 되었다는 이야기이다.

인생이 어떻게 풀릴지는 아무도 모른다. 단순하게 살아야
죽을 때도 단순하게 죽는다고 한다.
태양을 바라보고 걷는 자는 뒤에 자연스럽게 그림자가 따라
온다. 그것이 돈이 될 수도 명예가 될 수도 있다. 또는, 걱정이
될 수도 있다.
그러나 태양을 보고 걸으면 그 뒤에 무엇이 따라오던지 내
앞에 문제로 보이지 않는다.

그러나 반대로 그림자를 보고 따라 사는 자는 늘 힘들다.
잡히지도 않는다. 잡으려 하면 도리어 멀리 가고 걱정은 늘 내
발밑에 따라 다니게 된다.

관점을 다르게 해 보자.

내 남편은 정말 장점이 많은 사람이다.

굉장히 가정적이고 가족에게 헌신적이다. 퇴근 후에도 정말 중요한 일을 제외하고는 늦는 법이 없다.

그런 면에서 참 감사하게 생각하는 부분인데 퇴근이 남편보다 두 시간 정도 늦는 나는 직장에서 저녁을 먹고 오는데 가끔 퇴근 후 집에 왔을 때 남편이 밥을 안 먹고 기다리고 있을 때가 있다.

사실 짜증이 나는 일이지만, 지금까지 가정밖에 모르는 남편이 내 옆에 있어 주는 것과 나를 위한 그 중심을 먼저 생각한다.

그리고는 "배고픈데 지금까지 나 기다리느라 얼마나 배고파요? 먼저 먹고 있어도 되는데… 나 좀 피곤한데 그럼 사랑으로 밥 차려와 볼까요?"

그리고 밥을 하는 동안 행복한 마음이 더 크게 다가온다.

가끔 서운하고, 미운 마음이 들 때도 오히려 난 반대로 이야기를 한다. "사랑해."

그러면 남편은 "그러든지…" 무심하게 대꾸한다. 그래도 그

속마음을 알기에 퉁명한 그 모습에서 오히려 귀엽고 사랑스런 마음이 생겨난다.

긍정의 말이 기분도 바꿔준다.

같은 얘기로 똑같은 상황에서도 다르게 생각하는 이들이 있다.

중요한 일을 앞두고 '에취!' 하고 재채기를 한다. 한 명은 '재채기도 시원하게 했으니 잘 될 거야.' 하고 웃으며 넘겼다. 다른 한 사람은 '중요한 일을 앞두고 감기라도 걸리면 큰일인데. 몸살이라도 나면 어쩌지?' 하는 걱정으로 밤새 잠을 설친다.

우리가 같은 상황이라도 관점을 어떻게 가지냐에 따라서 우리의 미래가 달라질 수도 있으며, 긍정적인 측면으로 관점을 바꿀 때 우리 삶은 더 행복해질 것이다.

단순함이 힘이다

꩜

흔히 주변에서 자주 듣는 소리가 "넌 참 단순해서 좋겠다."
였다.

남편은 외아들에 효자다. 결혼해서 줄곧 시부모를 모시고
살았다. 원래도 지병이 있었던 어머니 위주로 마음 불편하지
않게 집안일 모두 어머니 위주로 맞춰 드렸다. 결혼 초 왜 그
렇게 외롭고 서러운지 사소한 일에도 눈물을 펑펑 쏟아내는
내 모습을 남편은 유독 싫어했다. 시간이 지나 살다 보니 잘
해주지 못한 미안함 때문이라는 것을 깨닫는 때가 오긴 했지
만, 결혼 초에는 많이 서운하고 힘들었다.

큰아이 돌을 앞두고 어머니 문제로 쌓여왔던 감정들이 폭
발하면서 서로에게 과격해지던 어느 날, 남편이 누워 있다 침
대 머리맡에 있던 스탠드를 나한테 던졌다. 나도 서러움에 복

받쳐 있던 감정을 그대로 드러내며 이혼하겠다고 덤비며 싸우게 되었다.

부끄러운 이야기이지만 그때 난 아이를 포대기에 들쳐 매고 장롱 깊숙이 넣어둔 카메라를 꺼내 증거를 남기겠다며 울며 사진을 찍었는데 그 상황이 좀 웃겼나 보다.

남편이 갑자기 "범인도 잡아야지." 하면서 V자를 그리며 카메라 앵글에 들어오는 순간 알았다며 찍는데 남편이 그런 내 모습이 너무 웃겼는지 크게 웃고 나도 덩달아 속없이 웃음이 터지는 바람에 그날 싸움은 그렇게 해프닝으로 막을 내렸다.

그날 우리는 절대 폭력적인 싸움은 하지 않겠다는 각서와 함께 화해를 했지만, 각서와 증거 사진은 어디에 두었는지 기억이 나지 않는다. 훗날 우리가 죽고 나서 유품으로 나온다면 자녀들이 어떻게 받아들일지 참 웃픈 일이 되었다.

살다 보면 이런저런 소소하고 서운한 일들이 많이 있는데 그때마다 나의 단순함은 정말 백치스러울 정도인데 그래서인지 모르겠지만, 남편은 나의 표정만 보고도 내 속을 잘 알아챈다. 어느 날 친구의 해외여행 소식에 갑자기 부럽단 생각이 들었을 때 겉으론 표현 안 하고 그냥 앉아서 텔레비전 보고

있는 나를 남편이 보더니

"어 또 누가 어디 갔구먼. 누군데? 어디 해외라도 갔나 보지?" 정말 속으로만 생각했고 전혀 겉으로 말할 생각 없었는데 내 기분을 알아채는 남편의 말에 정말 소름 끼치게 깜짝 놀랐다.

"와아! 내 머리는 투명 유리로 되어 있나? 어떻게 내 생각을 알았어? 당신이 날 많이 사랑하고 있단 증거지? 맞지?" 그렇게 나는 내 속 편한 쪽으로 생각을 바꾸고 다시 행복의 세계로 돌아왔다.

어쩜 우리 복잡한 인생 가운데 이런 단순함이 필요할 수 있을 것 같다. 아이들 학업 문제, 부모님 문제, 회사 문제, 걱정하면 문제가 해결되나? 만약 걱정해서 문제가 해결될 거라면 걱정을 하는 것이 맞다.

그러나 걱정으로 문제 해결이 되지 않는다면 애써 걱정으로 내 건강을 망가뜨리지 않는 것이 현명한 일일 것이다.

세상을 좀 단순하게 살아보면 어떨까?

집이나 일터의 책상 위부터 업무별로 분리해서 깔끔하게 정리해 보자.

시간을 지배하기 위해서는 시간 분배를 잘해야 한다고 하는데, 능동적으로 시간 분배를 하면, 여유로운 하루를 보낼 수 있고 단순한 삶을 살 수 있다.

일의 우선순위를 제대로 파악하지 못하면 하루 종일 바쁘기만 하고 한 가지 일도 제대로 처리 못 할 때가 많다. 그러니 일을 열심히 하고도 '저 사람은 맨날 바쁜데 도대체 뭘 하는지 모르겠어'라는 저평가를 받게 되는 것이다.

너무 완벽한 사람으로 살아가려고 하다 보면 예민하고 피곤해지며 주변 사람들의 기피 대상 1호가 된다.

최선을 다했지만 원하는 결과를 보지 못했다 하더라고 과정 속에서 수고한 나 자신에게 격려를 해보자. 하는 일에 집중하고 하는 일을 즐기고 불만이 많은 이와의 대화는 피하자. 상쾌한 기분으로 일어나고 긍정적 파이팅을 외치자.

가까운 이와의 관계를 행복하게 맺으면 마음이 여유로워진다.

"사랑하는 사람과 둘이 있어서 마냥 행복한 사람,
사랑하지만 여전히 혼자인 것처럼 외로운 사람,
한 번도 사랑받지 못해 힘들기만 한 사람,
그렇게 사랑에 연연하는 한

우리는 아직 모두 어린아이다.

그 누구에게도 연연하지 않을 때,

우린 아마도 진짜 어른이 되리라.

사람들은 사랑을 하지 못할 때는

사랑하고 싶어서,

사랑을 할 때는

그 사랑이 깨질까 봐

늘 초조하고 불안하다.

그래서 지금 이 순간,

사랑하는 사람이 옆에 있어도

우리는 어리석게 외롭다."

'굿바이 솔로'에 나오는 대사다.

참 와닿는다.

우리는 현재 가진 것에 대한 감사보다 갖지 못한 것에 초점을 맞추고 불평하고 살아갈 때가 너무나 많다.

내 옆에 있는 사람과 함께하는 시간이 행복하면 그걸로 충분한 것을, 이 사람이 떠나면 어떡하나를 걱정하면서 행복한 시간마저 놓쳐 버리는 어리석은 사람이 되지 않기를 바란다.

단순하게 산다는 것은 현재를 살아가는 것이다.

과거도 돌아보지 말고 미래도 걱정하지 말고 현재를 행복이
라는 초점에 맞추고 살아가면 단순하게 살아갈 수 있다.

PART 3

스펀지의 힘

기업이나 사람이나 망하는 데는 공통점이 있다. 기업은 흥할 때 소비자들에게 가치를 주지 못하고 너무 교만해지고 내부적으로 인사관리를 소홀히 하고 회계상 흥청망청해서 결국 관리 소홀로 망하게 된다.

개인은 자기 자리에 너무 연연한 나머지 눈이 멀어 사람을 보지 못하고 권력이나 힘만 의지해 교만함으로 패망하는 것을 보게 된다.

아무리 딱딱한 쇠도 계속 때리면 구부러지기 마련이다. 그러나 스펀지는 아무리 때려도 다시 원래 모양을 이어 간다. 부드러운 사람이 되라고 말하고 싶다.

나의 학창시절은 예민하기 그지없었다. 작은 일에도 화를 잘 내고 친구와의 게임에서도 지는 것을 인정하지 못해서 이

길 때까지 물고 늘어져서 상대를 지치게 하는 성격이었다.

이런 성격이 사회 생활하면서 얼마나 부딪치고 그럴 때마다 나 자신과의 처절한 싸움을 얼마나 했는지 모른다.

친구와의 관계가 끊기고 사회 친구와도 관계가 어그러질 때도 내가 뭘 잘못했는지도 모르고 살아갔다.

결혼해서 시부모를 모시고 남편과 자녀를 낳아 키우면서 참을 일이 많아졌다.

결코 참는 것은 미덕은 아니지만, 화내는 것을 더디 하니 실수가 적어지고 내 주변에 사람이 모이기 시작했다.

그렇게 모나고 각져있던 성격이 깎이고 무더지면서 완만해지자 세상살이에 크게 화날 일도 없다는 것을 깨닫게 되었다.

스펀지 같은 사람이 되어보자.

현대를 살아가는 우리는 너무 딱딱하다. 고개도 너무 뻣뻣하고 감정도 메말라 있다.

언젠가 전단지에서 봤던 글이다. 작자 미상으로 교육할 때마다 소개하는 글이다.

친절 전염병

사람을 따뜻하게 만들고
이 세상을 살 만하게 만드는 것은
다른 사람이
나에게 나누어 주는 마음입니다.
비록 잘 알지 못하고
서로 오랜 대면이 없는 사이라 할지라도
상대방에게
아무런 대가 없이 베푸는 친절은
우리를 살맛나게 만듭니다.
TV에서 나오는
어려운 이웃의 이야기에
눈물 한 방울 흘릴 줄 아는,
길가에서 무거운 짐을
들고 가는 노인들의 짐을
미소 한 줌과 함께 들어 줄 수 있는,
은행 창구에서
바빠 발을 동동 구르는 사람을 위해

한 걸음 물러나

먼저 사용하도록 양보하는

그런 사람

내가 그런 사람이 되고

내 도움을 받은 사람이 그런 사람이 되고

그렇게 친절이라는

전염병이 온 세상에 번진다면

지금 우리가 살아가는 이 세상도

참 살만한 곳이 되지 않을까요?

이런 세상을 꿈꾼다. 바로 내가 먼저 친절한 사람이 되려고
노력해보자.

유머감각을 키우자

대부분 문제를 갖고 내원하는 고객들의 특징을 보면 팔짱 끼는 태도를 취하는 것을 볼 수 있다. 고객이 팔짱을 끼는 행동은 자기 자신을 방어하고자 하는 심리적인 것에서 기인한 것으로 방어는 인간이 할 수 있는 가정 기본적인 심리라고 한다. 이런 사실로 봤을 때 고객은 우리보다 약자이다.

그렇다면 고객을 어린아이로 생각해 보면 어떨까? 몇 가지 경험한 컴플레인 처리 사례를 소개하고자 한다.

언어가 다소 거칠고 과격한 고객을 응대한 적이 있다. 우선 처음부터 심하게 흥분한 고객에게 1차는 경청으로 시작하고 흥분이 어느 정도 가라 앉았을 때쯤

"고객님. 지금 이런 이런(메아리 화법 : 고객의 말을 그대로 반복) 문제로 화가 많이 나셨군요. 우선 고객님의 마음 불편하게 해드린

점 사과드리고요. 이젠 제가 궁금한 것을 좀 질문해도 될까요? 지금 고객님이 어떤 상태이신지 너무 걱정이 되는데 지금 바로 내원이 어려우시면 저에게 사진으로 전송해 주시면 우선 사진을 원장님께 보여드리고 물론 사진으로만은 정확한 진료가 어렵지만 우선적으로라도 진료적 도움을 드릴 수 있도록 여쭤보고 다시 통화를 하고 싶은데 괜찮으십니까?"

라고 얘기를 하면, 대부분은 "사진 바로 보낼 테니 전화해요.'" 하고 전화를 끊는다. 그리고 나서 2차 전화로 진료 내용을 안내하고 큰 문제가 아니면 시일을 두고 경과예약을 진행한다.

보통 전화로 과격한 분들이 실제로는 소심한 성격의 소유자가 대부분이다. 절대 겁먹을 대상이 아니다. 그리고 이 고객은 내원해서 첫 상대로 나를 만나게 되고, 나는 밝은 미소로 인사하며

"그때 통화했던 누구누구입니다. 그동안 잘 지내셨어요? 그때 많이 걱정했는데 실제로 보니 나빠 보이지 않아 다행입니다. 통화했던 이미지와는 다르게 굉장히 인상이 좋으시네요. 오늘 원장님 진료 보시고 설명 다시 드리도록 하겠습니다." 하고 진료를 연결하고 고객의 마음이 편안해졌을쯤 일상적으로 할 수 있는

편안하고 유쾌한 대화 한마디씩 건네고 서로 웃는다.

또 한 번은 LA에서 컴플레인으로 내원하신 분이 있었다. 이분 또한 팔짱을 끼고 45도 각도에서 나를 노려보는 것으로 첫 대면을 했는데 1차는 무조건 경청이다.

그리고 고객의 문제가 파악되었을 때 고객의 말을 빠르게 한 번 더 정리해서 "이런 부분에서 불편하시군요. 그럼 이런 절차로 진료를 진행해 드릴 텐데 우선 고객님 마음 불편하게 해드린 점 진심으로 사과드립니다. 이 일로 먼 곳에서 오셨는데 최대한 빠른 시일 내로 처리해 드리도록 하겠습니다." 하고 고객의 걱정을 안심시켜 드리고 일반적인 대화를 편안하게 이어간다.

"요즘 LA 경기는 어떤가요? 트럼프 대통령 당선 이후 좀 좋아지는 부분이 있나요?"

이런 대화를 하다 보면 재미난 이야기가 계속 이어 나갈 수 있어서 화나서 왔다 가도 웃으면서 돌아가게 된다.

평소에 '유머 센스'를 키워보자. '아재 개그' 몇 가지를 소개한다.

우리는 매일 매일 기적을 맛보며 살고 있다. 오늘 아침에도 밍기적거리며 일어나지 않았는가?

모든 사람을 일어나게 하는 숫자는? 다섯!

우리가 이용하는 화장실에 용이 살고 있는 건 아는가? 신사용, 숙녀용

신데렐라가 잠을 못 자면? 모짜렐라

세상에서 가장 가난한 임금은? 최저임금

술을 가장 잘 먹는 새는? 참새

살면서 사람의 몸무게가 가장 많이 나갈 때는? 철 들때라고 한다.

술 먹은 다음날 들깨는 절대 먹으면 안 된다고 한다.

술이 들(덜) 깨기 때문에.

직장 생활하면서 회식자리가 종종 있다. 나는 일부러 술자리를 만들지는 않지만 마실 자리에 가도 가급적 술은 하지 않는다.

그래도 분위기상 마시는 분들의 기분을 깨고 싶지는 않아서 누군가 술을 권하면 "제가 주사가 심해요. 여기 오래 다니고 싶거든요. 그럼 저는 물로 술을 대신하겠습니다."라고 하면 대부분 즐겁게 웃으면서 넘어간다.

일상의 소소함 속에서 마음의 여유를 가지면 유머는 자연스럽게 배어 나온다. 이 또한 연습으로도 바꿀 수 있으니 노력해 보자.

자신만의
스트레스 해소법을 만들자

앞장에서 말한 것처럼 나는 좀 단순하다. 그래서인지 스트레스를 견디는 지수가 남들보다 좀 강한 것 같다.

그래도 살다 보면 스트레스를 전혀 받지 않고 산다는 것은 매우 힘든 일이다.

스트레스에서 조금 벗어나기 위한 방법의 일환으로 삶에 적절한 긴장감과 동기를 주기 위해 '죽기 전 해야 할 일'을 수첩에 적어 놓고 하나하나 실천해가려고 노력하고 있다.

1. 운동 배우기
2. 악기 배우기
3. 가수 콘서트 가 보기
4. 혼자 유럽 여행가기

5. 연기 배우기

6. 내가 사고 싶은 물건 꼭 사보기

7. 작가로 살아보기

8. 죽기 전까지 일하기

9. 검소한 장례절차 만들어 놓고 유언장 남기기

10. 아이들에게 좋은 엄마로 기억되기

첫 번째로 한 일이 운동이다.

내가 죽어도 못할 일이라고 생각한 운동이 있다면 수영이다. 습관성 탈골이 있는 나는 팔을 들어 하는 운동은 잘 못한다.

더더군다나 수영은 물에서 하는 건데 자칫 팔이라도 빠지면 상상만 해도 아찔한 일이다.

내 나이 마흔 되기 전 '팔 빠져 물에 허우적거리다 죽는 한이 있더라도 해 보자' 하고 39살에 수영을 시작했다. 한 달 동안 성인 풀장에 못 들어가고 무릎만치 오는 유아 풀장에서 키 판 잡고 발장구치는 것만 하는데도 너무 공포 스러웠다. 수영하는 한 달 내내 물에 떠 있는 공포의 꿈을 꾸며 돈 지불한 것이 아까워서 수업은 빠지지 않고 나가서 샤워만 하고 왔는데 마지막 수업 날 1년 기념 경품 뽑기나 하고 가라는 말에 뽑은 것이 1등, 한 달 무료 수강증이었다. 도저히 자신 없어서 남편에게 대신하라고 주니 혼자는 쑥스럽다고 해서 할 수 없이 한 달만 같이 다녀준다는 것이 8개월을 했다.

남편이 상급자로 올라가는 동안에도 거북이 등 달고 초급에서 키판 잡고 하는데도 여전히 수영을 못한다. 그래도 물에 대한 공포를 이겨냈다는 뿌듯함은 남았다.

그 후로 밸리 댄스를 배웠고 악기도 하나 배웠다. 작년에는 내가 제일 좋아하는 가수콘서트도 다녀왔다.

우스갯소리로 "이제 죽기만 하면 되겠어."라는 농담을 할 정도로 하나하나 실천해 가며 살고 있는데, 내가 이토록 즐기며 사는 이유는 성인이 되면서 웃을 일이 많이 줄어든다. 그래서 더 다양한 경험들을 통해서 뇌를 활성화 시키고 거기에서 오는 긴장감과 즐거움을 맛보기 위해서다. 평범한 일상을 평범하게 살지 않기 위해서는 평범하지 않은 경험을 시도해야 하는데 그것이 취미 생활이 되든지 공부가 되든지 어떤 것이라도 좋다. 나는 극도의 스트레스에 처했을 때는 말수가 줄어드는데 그때마다 정신을 다른 곳에 집중하기 위해 아무 책이나 읽는 것이 오래된 습관이 되었다.

그렇게 갖게 된 독서 습관이 마음이 복잡할 때마다 내 마음
의 생각을 글로 일기처럼 쓰게 했고 지금 나에게 작가의 꿈도
가져다 주었다.

여러분들도 자신만의 스트레스 해소법을 하나씩 만들어 보
길 바란다.

감정 연습하기

출근과 퇴근의
감정을 분리하라

아침에 일어나면 제일 먼저 "아! 기분 좋은 하루가 시작됐
네. 오늘도 모두 잘될 거야." 나 자신에게 먼저 인사를 한다.

우리의 뇌는 우리가 말하는 대로 기억하고 행동한다고 한
다. 그래서 우울하다 생각하면 우울하고 기분 좋다 생각하면
기분이 좋아진다. 환경이 나를 지치게 해도 "잘 될 거야! 곧
지나가겠지"라고 말하고 나면 뇌가 인식하고 기분이 변하는
것을 여러분들도 경험해 보길 바란다.

출근이란 것은 내가 피고용인으로서 책임을 다해야 할 의무
가 있으므로 내 감정은 철저히 회사에 맞춰서 세팅해야 한다
고 생각한다. 가정에서의 엄마, 아내, 며느리 직함은 내려놔야
하며, 출근과 동시에는 한 직장의 누구이며 맡겨진 직무에 책

임을 다해야 할 직원이 되는 것이다.

  나는 시어머니를 병간호하는 대략 2년을 제외하고는 결혼
해서도 줄곧 직장생활을 해 왔다. 직장생활을 하면서 한 가지
소신은 누군가 묻지 않는 이상 내가 먼저 자녀 이야기를 하지
는 않는다.
  내 자식이야 내게는 너무도 당연히 예쁘고 사랑스럽지만,
다른 사람들에게는 크게 관심 가지 않는 이야기가 될 수 있
기 때문이다.

  보통 워킹맘들은 근무 중 휴식시간이 되면 아이 이야기를
많이 하는데 같은 환경의 동료와는 얘기가 통할 수 있지만, 미
혼이나 관계가 돈독한 동료가 아닌 이상은 자녀 이야기를 흥
미롭게 들어주는 이는 많지 않다. 직장 상사 위치에 있다면
그 부서원은 그 일이 업무 외적으로도 스트레스의 요인이 될
수 있는 만큼 자녀 이야기는 자제하고 직장에서는 철저히 내
가 주체가 되는 독립적인 사회인으로 서길 바란다.
  마찬가지로 퇴근해서는 회사의 나쁜 감정들은 가지고 오지
말자. 가족과 함께하는 시간은 소중하고 짧으니 그 시간을 행
복으로 채울 수 있도록 하자.

현재, 결혼을 해서 가정생활과 사회생활을 병행하거나 또는 사랑하는 사람과 열렬히 연애 중이거나 아니면 솔로로 외롭게 지내는 사람이 있다고 하자.

다들 처한 환경은 다르지만, 옆에 소중한 사람들은 있을 것이다.

사랑하는 사람에게 해줄 수 있는 가장 착한 일은 스스로 행복해하는 것이라고 한다. 쉽게 얘기하면 내 옆에 사랑하는 사람으로 인해 내 마음이 천국과 지옥을 오간다면 내가 사랑하는 그 사람은 나로 인해 마음의 무거운 책임감을 느끼게 될 것이고 어느 순간에서는 나를 부담스러운 존재로 느끼게 될 수도 있다.

감정에 대해서 독립하지 못했다면 아직도 그대는 어른이 아니다. 우리가 초등학교 시절에 단짝 친구를 만들려고 노력하고 또 그 친구랑 조금 안 맞아도 혼자되는 것이 두려워 억지로 맞춰주고 옆에 붙어 다닌 경험이 한 번씩은 있으리라 생각된다.

어린 시절은 친구 때문에 웃고 울고 행복했고 슬펐다. 친구와의 다툼이 세상에 그렇게 큰 문제로 생각되지 않을 수가 없었다. 또 이십 대는 어떠한가? 사랑하는 남자 또는 여자 친구가 전부인 것처럼 살아가지 않았던가? 사랑하면서도, 불행한 감정에 시달리면서도 헤어지는 결단을 못하고 혼자되는 것이 두려워서 그 불행한 사랑을 계속하는 이도 있었다. 내 인생에 주인공으로 살아가지 못하는 미성숙한 감정 탓이다.

행복과 불행은 선택의 문제이지 환경과 처지의 문제는 아니라고 하지 않던가! 그러니 행복을 선택하고 독립적으로 행복해지도록 노력하자.

나쁜 감정은 전파 속도가 긍정적인 감정보다 더 빠르다. 그래서 내 옆 사람이 계속 불평하고 불만을 이야기하면 듣는 어느 순간 나도 모르게 그 감정을 이어받는다.

긍정적 에너지를 전파하는 사람이 되던지 긍정적 에너지를 전파하는 사람이 될 자신감이 없다면 긍정적인 사람과 어울려보자.

창의적 사고

일반 기업에 다닐 때는 대중 앞에서 말할 기회가 그리 많지 않았다. 그런데 병원에 근무하면서, 또 나이가 들면서 직책이 올라가면서 앞에 서야 하는 일이 종종 생겼다.

특히, 사내 독서 모임이 생기면서 한 달에 한 권씩 책을 보면서 책에 대한 내용을 병원에 적용하기도 하고 또 돌아가면서 발표의 시간을 가지는 데 나는 『히든 서비스』란 책을 읽고 발표를 준비했었다.

참 다양한 아이디어와 서비스에 관해 생각해 볼 수 있는 좋은 책이었다. 다음은 그때 했던 발표 자료들이다.

고객 관점에서 '어떤 병원을 선택할까?'의 고민에서부터 시작한다.

어떤 병원을 선택할까?

요즘 친절하지 않은 병원은 찾아보기 힘들다. 그렇다면 내가 고객이라면 '이 병원도 친절하고 저 병원도 친절하다면 과연 어떤 병원을 선택하겠는가?'란 질문을 던져 보았다.

지금까지 병원을 이용하면서 '왜 병원마다 다 똑같지? 병원은 재미가 없어. 직원들 표정은 늘 무뚝뚝해 보여.' 입은 웃는데 눈은 웃지 않는 기계적 서비스를 받는 느낌이 컸다.

병원이 재미있을 수는 없을까?

만약 대기공간이 협소하거나 대기시간이 길 수밖에 없는 프로세스가 계속된다면, 원내 방송국 운영은 어떨까? 그날의 날씨 시간대별로 재미난 멘트와 고객님들의 편안한 마음과 현재 상황에 대한 안내 멘트와 함께 음악을 틀어 주는 것은 어떨까?

질병을 주 치료하는 병원이 아니라 미용이나, 비만이 주 치료 병원이라면 좀 더 재미난 병원을 만들어 갈 수 있지 않을까?

우리 병원의 장점?

우리 병원이 고객에게 주는 가치와 이미지를 만들어 보면 어떨까?

예를 들면

1. 우리 병원은 안전한 성분의 약을 사용하고 있으며 정직을 바탕으로 최선의 진료를 합니다!

2. 환자를 가족처럼

3. 고객의 입장으로 생각합니다.

방문

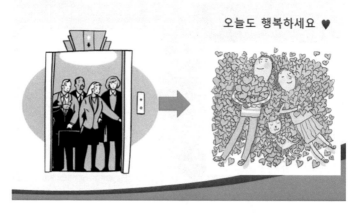

오늘도 행복하세요 ♥

　난 처음 엘리베이터에서 내렸을 때 나를 반겨주는 예쁜 그림 액자와 환영 문구를 보고 싶단 생각이 들었다.

연령별 맞춤 서비스

고객 연령층에 대해 얼마나 신경을 쓰고 있는가?

요즘엔 평균 수명 나이가 높아져 그런지 미용에 대한 관심이 젊은 층에만 국한되어 있지 않고 노년층에서도 많다. 하지만 많은 병원들이 젊은 층 위주로 마케팅을 하는 것 같아서 조금은 아쉬운 마음이 든다. 그래서 연령층에 따른 돋보기나 볼펜이 준비되어 있으면 어떨까 하는 생각을 가져 보았다.

접수

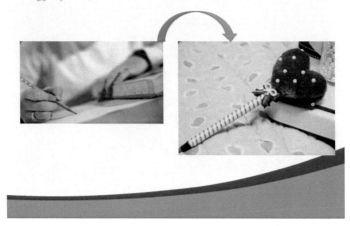

접수처는 안락하고 편안하게 되어 있는가?

접수처는 깨끗하고 항상 청결을 유지해야 하는 것은 기본이
라고 생각한다.

여기서 정해져 있는 답은 없다. 여러분들이 있는 현장에서
의 독창적이고 창의적인 서비스가 답이 될 것이다.

계산을 멈추자

　내 어릴 적 아버지에 대한 기억은 짧다. 술을 좋아하셨고 노래를 좋아하셨다.

　술이 거나하게 취해서 오시는 밤이면 어김없이 누런 종이봉투에 치킨을 사 가지고 오시기도 하고 몹시 추운 겨울날은 따뜻한 군고구마와 생과자 등 늘 양손 가득 무언가를 사 가지고 오셨다. 넉넉하지도 않은 살림이었지만, 술을 드시면 자식들 생각이 많이 나셨나보다.

　그러던 어느 날, 난데없이 우리 집에 컬러 텔레비전이 생겼다. 아버지가 할부로 들여놓으신 모양인데 그날 밤 엄마와 아버지는 심하게 다투셨고 그 일 이후 얼마 지나지 않아서 아버지가 갑자기 교통사고로 우리 곁을 떠나가셨다.

　그때 엄마는 "죽기 전에 애들 컬러 티비 해 주고 가고 싶었던 모양이다." 하시며 텔레비전 보실 때마다 많이 우셨다.

자라면서 '애비 없는 자식'이라 손가락질 받는 일 하지 말고 살라는 어머니의 가르침에 철저한 규범적인 아이로 자랐다. 남에게 신세 지는 것도 싫었고 내 것을 주는 것도 싫었다. 내가 먼저 샀으면 당연히 그것이 돌아올 거라 계산에 넣고 내 계산이 틀리면 그 사람과의 관계는 끊어버리곤 했다.

일찍 사회 생활을 시작하면서 이런 나의 모난 성격과 사회적 규범 속에서 많은 갈등과 씨름을 해가면서 성격도 많이 둥글둥글해졌다.

어느덧 사회적 규범에 맞게 성격이 형성되었을 무렵, 결혼을 했다. 그리고 사랑과 전쟁과도 같은 고부갈등을 겪으면서도 양보하고 참았다. 그런데 그 수년의 시간이 지나면서 그 모든 일들이 상처로 내 안에 고스란히 묻어있었다. 왜 그랬을까?

생각해 보니 내 안에 계산이 들어있었던 거다.
'내가 이 정도 했으니 어머니가 이렇게 해 주시겠지.'
'이렇게까지 내가 참고 양보했으니 더는 싫은 소리 안 하시겠지'

'내가 이러고 살았는데 나한테 어떻게 저렇게 할 수 있어?'

그러면서 어머니가 변하길, 남편이 변해주길, 환경이 변화되길 바랬다.

그런데 그 모든 것이 바뀌고 변화되는 것을 기다리는 것보다 내가 계산을 멈추는 것이 더 빠를 것이란 판단이 들었다. 그리고 나니 기대도 생기지 않고 내가 하는 행위에 대해서도 크게 의미를 두지 않게 되었다.

고객에게도 그렇게 다가가 보자. 계산하지 말자.

어차피 줘야 할 것이면 진심으로 주고 화끈하게 해결해 주면 어떨까? 고객을 기다리게도 하지 말고 신속히 해결해주고 표정도 친절하게 해보자.

얼마 전 홈쇼핑에서 귀금속을 세트로 구매했다. 막상 받아보면 내가 가지고 있는 귀금속과 스타일이 겹치는 것도 있는데 그 중에 어느 한 디자인이 마음에 들어서 결정을 한 거였다.

다른 것은 고사하고 그 반지를 제일 먼저 착용을 하고 그날 오후 강아지와 산책을 하고 왔는데, 집에 돌아와 보니 펜던트가 떨어지고 없었다.

너무 속상해서 홈쇼핑에 전화를 걸어 교환은 되는지? 아니면 수리가 되는지? 돈을 지불하고라도 이 반지를 교환 받고 싶다고 하니 상담원에게는 규정의 답변이 돌아올 뿐이었다.

내 통화를 옆에서 듣던 남편은 "바보야, 그냥 교환해 달라고 하지. 그걸 사실대로 말하면 누가 그걸 바꿔 주냐?"며 호통을 쳤다.

그래도 나는 서비스를 하는 사람으로서 정직해야 한다고 생각했기 때문에 혹 반품이 안 되더라도 거짓말을 하고 싶지 않았다.

그날 다시 한 번 앱을 통해 고객센터에 문의 글을 남겼다. '오늘 상품을 받고 너무 기뻤습니다. 다른 구성들은 제가 갖고 있는 귀금속과 스타일이 많이 비슷해서 반품할까 고민했지만, 그중 달랑거리는 펜던트 달린 반지가 제 맘에 쏙 들어서 구매 결정을 하였습니다. 그런데 오늘 오후 잠깐의 외출에서 그 펜던트가 없어졌어요. 가능하다면 비용을 내더라도 반지를 교환 받고 싶어요. 그 반지가 절 너무 행복하게 해주었거든요.'

정말 기대 없이 쓴 푸념의 글이었다.

그런데 그 다음 날 고객센터에서 전화가 와서 교환을 해주겠다고 한다. 내가 너무 감사하다고 하니 오히려 불편을 드려

죄송하다며 그 고객센터 담당자분께서 친절히 교환을 약속해 주셨다.

고객 서비스에서 우리가 잊지 말아야 할 것은 규정보다 고객의 마음을 읽어 주는 것이다. 그리고 내가 먼저 매너 있는 고객이 되어 보는 것도 중요하다고 생각된다.

난 이 일로 많이 기뻤다. 만약 홈쇼핑 측에서 돈을 내라고 해도 난 기꺼이 냈을 것이다.

착용 상품에 대해 반품 규정이 없는 것도 너무도 잘 알기에 푸념 없이 쓴 고객의 글에 성의 있게 답해준 담당자의 그 전화 한 통화가 나에게 감동을 선사한 것이다.

난 컴플레인 상담을 하면서 스트레스를 크게 받지 않고 일한다. 고객을 내 가족, 친구로 생각하고 대했고 고객의 불만이 해결되고 밝게 웃는 모습을 보면 보람되고 함께 기뻐했다. 문제 해결이 되는 상황에서는 항상 즐거운 대화로 고객을 웃게 하고 나 또한 즐거운 마음으로 일을 마무리하는데 그렇게 웃으며 가신 고객분들은 꼭 나중에 소개나 재방문으로 보답을 주신다.

계산을 멈추는 순간, 더 큰 선물을 받게 될 것이다.

마음의 작동법

우리의 감정을 조절할 수 있는 리모컨이 있으면 얼마나 좋을까?

직장생활에서 업무적으로 힘든 부분보다 동료와의 관계에서 오는 갈등이 더 힘들고 내가 하는 업무가 존중을 받지 못한다고 생각할 때가 제일 힘들다.

너무 열정적인 리더 밑에서 일하는 직원들은 그 열정을 좇아가기가 너무 힘에 겨울 때가 있고 너무 무능력하거나 열정이 없는 리더 밑에서는 답답하기 그지없다. 능력은 뛰어나나 사람을 품을 줄 모르는 리더 밑에서는 주눅들어 일하기 십상이다.

그렇다면 리더는 어떠한가?

소극적인 태도의 직원을 이끄는 데는 많은 인내의 시간이 필요하고 열정적인 태도의 직원을 이끄는 데는 절제되지 못한 행동들로 인해 다른 부서원들과 조화를 맞추게 해 주는 것에 신경을 써줘야 한다. 자기 멋대로인 직원을 이끄는 데는 단호한 결단을 내려야 할 때도 있다.

조직에서 가장 중요한 바탕이 되는 것은 배려와 절제이다.

앞에서도 이야기했지만, 나는 배려가 이기심을 이긴다는 소신이 있다. 동등한 입장에서 동료를 대해야 나의 이미지 가치가 올라간다.

내가 밑에 위치에서는 불합리하다고 생각했던 일이 내가 그 높은 위치에 앉았을 때는 달콤하게 느껴진다. 직원을 뽑을 때는 천천히 하고 정리를 해야 할 때는 신속하게 하라는 말도 참고하면 좋을 것 같다.

다시 정리하자면, 조직에서 불합리한 것은 빨리 문제를 끄집어내서 신속하게 해결해야 한다. 불합리한 것에서 상대적 박탈감을 느끼게 되고 특혜를 주면 더 큰 것을 바라는 것이 인간의 심리이기 때문이다.

소극적 주인의식은 유익할 수 있으나 지나친 주인의식은 오히려 독이 되는 경우도 있기 마련이다. 다른 동료와의 조화와 화합을 위해 가끔의 내 열정을 절제해야 할 때도 있어야 한다.

우리가 흔히 하는 실수는 상대를 평가하는 것이다. '매일 매일 지각하고 도대체 정신이 있어? 없어? 사람이 게을러도 너무 게으르고 태도가 바르지 않잖아?'

그러나 이 말에는 상대에 대한 많은 평가들이 들어 있다.

사실 상대의 잘못을 지적할 때는 자신의 솔직한 느낌을 인정하고 표현하는 것이 갈등을 해결하는 데 도움이 될 수 있다.

"아침에 조금 일찍 서두르는 것이 어때요? 매일 똑같은 시간으로 지각하는데 문제가 뭐라고 생각해요? 나는 솔직히 당신이 지각할 때마다 어떻게 지적을 해야 할지, 서로의 감정이 다치지 않을지 고민되고 부서 전체 분위기가 자칫 해이하게 풀어질까 봐 걱정이 되요. 내가 느끼는 이 감정 이해해요?"라고 표현을 하면 어떨까?

고객 서비스에서도 업무를 시작하기에 앞서 '오늘은 무조건 고객 편을 들어주자.' 이렇게 다짐을 해보자. 정말 거짓말처럼 고객을 만나는 일이 즐겁고 반갑게 느껴진다.

나는 되도록 일을 즐겁게 하는 편이다. 결재를 도울 때도 고객과 눈을 맞추고 "여기서 다시 보니 정말 예쁘시네요.", "사인이 멋있네요.", "오늘 멋지게 변신해서 귀가하세요.", "잘 되실 거에요." 등의 가벼운 얘기들을 나눈다. 그리고 가벼운 유머도 던진다.

마음의 작동법은 의외로 간단하다.
내가 행복하기로 마음먹으면 행복해진다.
내가 짜증 내지 않기로 마음먹으면 짜증 내지 않게 된다.

그러나 마음만 먹는 것으로는 모자라다. 꼭 소리 내서 각오하라.
그럼 내 마음은 내가 마음먹은 대로 작동될 것이다.
다 같이 넘어져도 코가 깨지는 사람이 있는 반면에 돈 줍는 사람도 있듯이.
우리 마음은 우리가 마음먹은 대로 작동할 수 있다.

당 : 당당하게 살자.
신 : 신나게 살자.
멋 : 멋지게 살자.
져 : 져주면서 살자.

지금 당신 옆에 있는 사람에게 "당신 멋져."라고 인사해 주자.

그리고 내면의 나에게 당당하고, 신나고, 멋지게 져주면서 여유로운 인생을 살기를 다짐해 보자.

행복한 사람과 불행한 사람은 긍정적인 사고를 하고 있는지, 부정적 사고를 하는지로 구별할 수 있다.

행복한 사람은
감사도 넘치는군 꿈꾸면 이루리 77번지에 살고,
불행한 사람은
살아도 힘들군 죽으면 끝나리 44번지에 산다고 한다.

웃으라고 누군가 한소리겠지만, 우린 행복한 사람으로 살아가자.

여러분들과 저는 반드시 '감사도 넘치군 꿈꾸면 이루리 77번지'에 삽시다!

좋은 생각하기

메주

시골집 선반 위에
메주가 달렸다.
메주는 간장, 된장이 되려고
몸에 곰팡이가
피어도 가만히 있는데
우리 사람들은
메주의 고마움도 모르고
못난 사람들만 보면
메주라고 한다.

부산초고 6학년 이경애 학생이 쓴 시다. 난 이 시를 읽고 나서 부끄러워졌다. 상식은 사람마다 다 다른데 우린 너무도 쉽게 다른 사람들을 판단하고 정죄하기를 쉽게 한다.

고객의 대기시간에 대해서도 너무 가볍게 치부할 때가 많다. 잘못된 관행에 대해서도 빨리 바꿔줘야 한다.

서비스 현장에서 아주 큰 일이 아니라고 해도 작은 변화부터 일으켜 보자. 익숙한 서비스에 안주하지 말고 발전하기 위해 노력해 보면 어떨까?

우리가 여행지에 가서 그 풍경에 감탄하는 것은 우리가 거기에 머무는 기간이 짧다는 걸 알기 때문에 시간 소중하게 눈에 담기 때문이라고 한다.

그렇다면, 고객은 우리 병원에 또는 우리가 있는 서비스 현장에 내원했을 때 그 짧은 시간 하나하나 주의 깊게 관찰하게 될 것이다. 우리의 밝은 표정이 고객에게 좋은 이미지를 주고 좋은 추억을 줄 수 있다.

어진 사람에게 물드는 것은
향기를 쏘이며 가까이하듯
지혜를 일깨우며 선을 쌓아
자신도 모르게 선한 사람이 된다.

악한 사람에게 물드는 것은
냄새나는 물건을 가까이하듯
조금씩 조금씩 허물을 익히다가
자신도 모르게 악한 사람이 된다.

- 좋은 글 中 출처 미상 -

사람들은 산꼭대기에 오르면 행복할 것이라 생각하지만, 정상에 오른다고 행복해지진 않는다. 어느 지점에 도착하면 모든 사람이 행복해지는 그런 곳은 없다고 한다. 만약 그런 곳이 있다면 이 세상에 불행한 사람은 단 한 명도 없을 것이다.

결국, 행복은 멀리 있지 않고 가까이 있다는 얘기일 것이다.

같은 공간에 있어도 행복한 사람이 있는 반면, 불행한 사람도 있다.

결국, 행복은 내가 선택하는 것이다.
당신은 어떤 사람이 되고 싶은가?

나를 보는 방법

이 세상 수십억 사람 중에
나를 온전히 볼 수 없는 유일한 사람은
나 자신입니다.

나를 보는 방법은
거울에 비춰보는 게 유일한 방법이지만
이는 다른 사람에게
보이는 것과 다릅니다.
좌우가 바뀌어 보이기 때문입니다.

내가 나를 온전히 보는 방법은 없습니다.
그런데 우리는 때로
'나 자신은 내가 제일 잘 안다'고
고집을 피웁니다.
내가 맞고 세상 사람들 모두
틀리다고 합니다.

나 자신과 보이는 것이
다름을 인정할 때
나 자신이 정말 어떻게 생겼는지
알 수 있습니다.

향기로운 말

- 이해인 -

매일 우리가 하는 말은
역겨운 냄새가 아닌
향기로운 말로
향기로운 여운을 남기게 하소서.
우리의 모든 말들이
이웃의 가슴에 꽂히는
기쁨의 노래가 되어
세상이 조금씩 더 밝아지게 하소서.

누구에게도 도움이 될 리 없는
험담과 헛된 소문을
실어 나르지 않는 깨끗한 마음으로
깨끗한 말을 하게 하소서.

늘 상대방의 입장을 헤아리는
사랑의 마음으로
사랑의 말을 하게 하시고

남의 나쁜 점보다는
좋은 점을 먼저 보는
긍정적인 마음으로
긍정적인 말을 하게 하소서.

매일 정성껏 물을 주어
한 포기의 난을 가꾸듯
침묵과 기도의 샘에서 길어 올린
지혜의 맑은 물로
우리의 말씨를 가다듬게 하소서.
겸손의 그윽한 향기
그 안에 스며들게 하소서.

음식을 먹으면

반드시 설거지를 합니다.

그릇에 묻은 찌꺼기를 말끔히 씻어내야 음식을 담을
수 있습니다.

마음도 설거지를 해야 합니다.

일상 속 감정의 찌꺼기를 탈탈 털어내고 씻어내야 다시
새롭게 시작할 수 있습니다.

- 고도원 -

서비스 현장에서 나의 감정을 지키는 방법은 마음을 정화
시키는 방법밖에 없다. 좋은 글, 좋은 생각 그리고 무엇보다
사람을 품는 사람이 되어 보자

감정노동도
행복하게 할 수 있다

감정노동이 오래되다 보면 감정적으로 우울하고, 무력감과 좌절, 분노, 자존감이 낮아져서 슬픈 감정에 빠질 때가 있다. 신체적으로는 목이나 어깨가 뻐근하고 경직되기도 한다. 그리고 쉽게 실수하는 감정이 내 가까운 사람에게 짜증을 내고 인생 전체를 부정적 생각으로 인해서 억울하고 불행한 감정으로 빠트린다.

예전 콜센터에 근무할 때 그랬다. 한동안 전화기만 보면 토나올 것 같고 전화 벨 소리, 사람들 많은 공간에 가는 것도 싫고, 삶이 너무 고되게 느껴지면서 내 존재가 너무 쓸모없게 느껴지기도 했다.

그러면서 즐겁게 할 수 있는 방법이 없을까, 이런 부정적 감정에서 어떻게 벗어날 수 있을까를 고민했다.

다음은 나의 경험을 통해 실수에서 얻은 교훈들이다. 그러나 여러분들 모두 다 아는 내용일 수도 있다. 만약, 이미 현명한 당신이라면 다시 한 번 살펴보고 실천에 나갈 수 있도록 해보자.

제일 첫 번째로 내 가까운 가족, 직장동료와의 관계에서 성공하라. 행복한 개인의 삶이 감정노동도 이겨낼 여유와 행운을 가져올 것이다.

관계에서 성공하는 사람이 고객과의 관계도 잘하게 되어있는데 어차피 고객도 사람이고 나도 사람이다. 우리는 관계에서 일을 해야 하는 사람들이다.

다음의 조언들은 비단 고객뿐 아니라 내 옆의 직장동료와의 관계에서도 동일하게 적용되는 이야기들이다. 바라건대, 고객을 일로 보지 말고 관계로 보기 바란다. 그러면 그렇게 화날 일도, 나의 자존심을 다칠 일도 사실상 없다.

100만 원짜리 수표가 구겨져도 100만 원 가치가 그대로 인정되는 것처럼 말이다

1. 고객을 이기려 하지 말고 때를 기다려 질문을 던져라

당신이 먼저 고객을 귀찮게 만들어라. 질문으로 주도권을 갖게 되면 문제 해결과 가깝게 접근할 수가 있다.

상담을 잘 하는 사람들은 많은 지식을 갖고 고객에게 많은 말을 할 것으로 생각하지만 실제로 자세히 관찰해 보면 고객의 말을 많이 들어준다. 그러면서 친밀해지고 고객의 필요욕구를 파악하고 적절할 때 적합한 것을 권유하면서 상담을 성공시키는 것을 보게 된다.

2. 긍정과 수용의 말을 습관화하라

고객의 말에는 무조건 공감. 해결책은 그다음에 제시한다. 즉시 인정하고 사과하는 태도를 가져라.

3. 시간을 두고 해결되야 하는 문제는 중간중간 과정에 대한 안내를 하라

지금 어떤 상황인지 진행이 어디까지 되고 있는지 문자라도 남겨야 한다. 문제를 다 해결하고 고객에게 안내하려고 생각하다가 시간을 지체할 경우 해결책도 무용지물이 되는 경우가 있다.

4. 예의를 지켜 말하고 존중과 진실을 지켜라

감정을 절제해서 말하고, '다까체'로 신뢰 있는 말투로 다가가라. 예의 없고 무례한 사람은 존중받기 힘들다. 우리가 진실을 말하는지 거짓을 말하는지 고객은 분명히 알테니 말이다.

5. 역지사지로 마음을 읽어줘라

고객을 약자, 어린아이라 생각하고 너그러운 마음으로 대하라. 내가 고객의 입장이라고 생각하면 이해 못 할 일도 별로 없다.

6. 당신이 대접받고 싶은 대로 고객을 대접하라

우리가 무의식적이나 혹은 속 감정으로 상대를 싫어하는 것은 말로 표현하지 않거나 표정을 아무리 감추려고 해도 상대가 느껴진다고 한다. 고객을 진심으로 대해 보자.

7. 고객에 대한 섣부른 판단은 최대한 보류하라

예를 들면 "고객님. 이건 고객님이 잘못하셨잖아요."
"지금 이러는 이유가 환불받고 싶어서 그러시는 거에요?"

8. 아무리 화가 나도 말에 인격을 담아라

어떤 상황에서라도 우아하게 사는 쪽을 선택하자. 화내고 흥분하는 것은 우아하지 않다.

"고객님께서 너무 큰 소리로 말씀하시니까 제가 고객님 말씀을 이해하는데 조금 어려운데 조금 진정하시고 차분히 말씀해 주시겠어요?"

9. 안 되는 것은 안된다고 단호하게 규정해야 포기해야 한다

두리뭉술 하게 포인트 없이 돌려 말하면 고객은 자기가 듣고 싶은 말로 해석하고 안 되는 것에 대해 기대를 하게 된다.

"죄송하지만, 그 부분을 해결해 드리고 싶으나 내부 규정상 어려운 부분이 있습니다."

"그러나 고객님 마음 불편하신 것에 대해 조금이라도 제가 도움 드릴 수 있는 부분은 ○○○인데 조금 양보하시고 이렇게 이해하시고 받아주시면 어떨까요?"

10. 고객도 화내느라 에너지 쏟고 시간 쏟아가며 노동하고 있다고 생각하자

이렇게 생각하면 반대로 "참 수고 많으십니다."라는 인사를 하고 싶어질 것이다.

또한, 문제를 지적해 줌으로서 우리 기업이 더욱 발전의 계기로 삼게 된다고 생각하면 감사하는 마음도 생길 것이다.

11. '수만 톤의 가시는 벌 한 마리 불러 모으지 못하지만, 한 방울의 꿀은 수만 마리의 벌떼를 불러 모은다.'는 서양 속담이 있다

가시 돋친 사람 옆에는 사람들이 다가서지 않지만, 달콤한 꿀 같은 사람은 자꾸만 가까이 하고 싶어지지 않는가? 우리가 조직에 꿀이 되어 보자.

12. 유머감각을 키워라

"고객님, 저번에 사진 보내주셨을 때는 정말 너무 걱정되어서 퇴근 후에도 고객님의 빠른 쾌유를 바라면서 기도했는데, 오늘 뵈니 많이 나아진 것 같아 참 다행이고 기쁘게 생각합니다. 이번 일로 얼마나 마음고생이 심하셨어요. 충분히 이해하고 공감합니다.

특히나 이렇게 예쁜 얼굴인데 그때 ○○○ 하시고 나서 부으셨으니 거울 보실 때마다 많이 속상하셨을 것 같아요."

"지금 상황에 맞는 얘기는 아니겠지만, 정말 예쁜 얼굴이시네요. 빠른 시일 내 회복될 수 있도록 치료 진행해 드리도록 하겠습니다."

"걱정은 되시겠지만, 저희 믿어 주시고 번거로우시더라도 시간 내주시면 다음 내원 시에도 예약해 드리도록 하겠습니다."

될 수 있다면 자기 자신을 소개할 수 있는 말을 유머 있게 만들어 보자

"안녕하십니까? 알사탕 같은 최지아입니다.

(알)면 알수록 (사)랑스럽고 (탕)처럼 뜨거운 열정을 지닌 최지아입니다.

자세히 보아야 이쁘고 오래 보아야 사랑스러운 풀잎 같은 여자입니다. 오래 오래 잘 부탁드립니다."

13. 스스로를 사랑하라

고객에게 업무적으로 웃는 것 말고 아침 처음 대하는 나란 고객에게 웃어주자.

'굿모닝, 오늘도 잘 될 거야.'

사는데 꼭 거창한 이유가 있을 필요는 없다. 오늘 일에 최선을 다하고 다른 사람이 나의 감정을 다치게 해도 나 스스로에게 위로를 해주자.

'너 정말 잘했어. 오늘도 수고했어!'

항상 깔끔한 외모를 유지하라.

14. 나만의 스트레스 해소법을 만들어라

운동, 또는 독서, 여행의 물질, 시간적 여유가 안 된다면 걷기를 권유한다. 걷기만 해도 고민이 사라지고 뇌가 건강해진다고 한다.

나는 스트레스가 심하면 책을 읽는다. 책의 내용에 빠지다 보면 나의 나쁜 감정들은 자연스럽게 사라져 버린다.

우울한 감정에서 쉽게 벗어나는 방법은 즐거운 일을 시작하는 행동과 실천에서 가능하다. 가만히 앉아서 "우울하다.", "행복해지고 싶다." 말만 하고 있으면 절대로 절대로 우울에서 벗어나지 못한다.

15. 감정 분리를 연습하자

화난다면 '조금 있으면 괜찮아질 거야.'라고 생각하자. 잠시 공간을 떠나 혼자만의 시간에 명상을 즐기자. 즐거운 생각하기. 행복했던 기억 떠올리기.

가장 즐거웠을 때 행복했을 때의 추억의 사진을 핸드폰 배경으로 두고 힘들 때마다 들여다 보는 것도 좋을 것 같다. 내 핸드폰에는 우리 집 강아지 사진이 있는데 가끔 들여다 볼 때마다 나도 모르게 엄마 미소가 나온다.

16. 사람을 품어라

고객도 사람이다. 사람이 사람과 소통하지 못하면 지구 상에 존재할 이유가 없다. 내면이 마르지 않도록 책을 가까이 하고 사람에 대한 관심과 배려를 가져 보자.

17. 웃지 못하면 지금 하는 일은 당신과 맞지 않는 일이다. 당장 그만두어라

간혹 새로운 조직에 들어갔을 때 텃세가 심한 부류들을 만날 때가 있다. 적어도 서비스를 하는 사람들이라면 오픈 마인드를 가져야 한다고 생각하는데 참 안타깝다. 조직의 변화를 싫어하고 기존의 틀에서 벗어나기 싫어하며 새로운 사람들을 만나는 것이 불편하다고 생각되면 성향이라면 고치도록 노력해 보자.

18. 당신의 가치를 높여라. 당신이 하고 있는 일이 다른 사람하고는 대체될 수 없는 특별한 장기를 개발하라

예를 들면, 상담하는 일이라면 소개 고객을 많이 만들고 컴플레인 상담을 한다면 충성고객으로 전환되는 건수를 많이 만들어라.

최근에 든 생각은 아무리 알파고 시대를 살아가도 상담 일은 컴퓨터로 대체되지 않을 것이다. 왜냐하면, 아무리 컴퓨터가 만능이라고는 해도 인간의 섬세한 감성까지 쫓아 할 수는 없기 때문이다.

19. 당신은 특별하다. 절대 감정을 망가트리지 말아라

세상 사는 가장 큰 힘은 긍정의 힘이다. 무슨 일이 있어도 좋게 생각해라. 행복하고 평온한 감정을 보호하고 지켜라.

20. 건강이 최고의 자산임을 잊지 말고 화가 날 때는 혼자만의 명상의 시간을 반드시 가져라

할 수 있다.

하면 된다.

곧 좋은 일이 올 것이다.

나는 특별한 사람이다.

반드시 성공한다.

힘든 과거도 불안한 미래도 생각하지 말자.

오직 순간을 즐기자.

이 또한 지나간다. 잘 되는 것도 못 되는 것도 영원하지 않다. 그러니 지금 힘든 것도 곧 지나갈 것이다.

가장 행복한 때를 그려보고 성공했을 때의 그 성취감과 용기를 기억해보자.

내면에서 좋은 기운이 솟아날 것이다.

서비스 적성
체크리스트

☐ 1. 배려심이 깊은 편이다.

☐ 2. 주의 깊고 관찰력이 뛰어나다.

☐ 3. 정보망, 정보량이 빠르다.

☐ 4. 예의 바르고, 공손하고, 친절한 편이다.

☐ 5. 감수성이 깊다.

☐ 6. 공감대를 잘 만든다.

☐ 7. 사람들을 만나는 것이 즐겁고 대인관계도 원만하다.

☐ 8. 차분하고, 온화하고, 냉철함을 가지고 있다.

☐ 9. 시간 약속을 잘 지키는 편이다.

☐ 10. 개척 의욕이 강하다.

☐ 11. 생각하고 고민하는 것보다는 먼저 행동으로 옮긴다.

☐ 12. 업무 이해력이 바쁘다.

☐ 13. 업무에 관한 자료 정리가 되어 있다.

☐ 14. 지식의 욕구가 많다.

☐ 15. 이벤트 내용을 파악하고 있다.

☐ 16. 고객의 동선과 고객의 상황 체크를 할 수 있다.

☐ 17. 고객에게 위치를 구두로 쉽게 설명할 수 있다.

- [ ] 18. 문서 작성 능력이 뛰어나다.
- [ ] 19. 능통한 외국어를 한 개 이상 갖추고 있다.
- [ ] 20. 전화 응대를 잘할 수 있다.
- [ ] 21. 업무에 관해 고객의 질문에 바로 답할 수 있다.
- [ ] 22. 업무 시작에 앞서 옷매무새와 표정을 살핀다.
- [ ] 23. 처음 만나는 사람에게도 웃으면서 다가설 수 있다.
- [ ] 24. 상황에 맞는 옷을 입을 줄 안다.
- [ ] 25. 평소 잘 웃는 편이다.
- [ ] 26. 자세는 반듯하고 걸음걸이가 당당하다.
- [ ] 27. 인사성이 좋고 친절하다.
- [ ] 28. 상대방을 배려하는 습관이 몸에 배어 있고 공중도덕을 잘 지킨다.
- [ ] 29. 몸짓과 제스처는 우아하고 품위가 있다.
- [ ] 30. 피부관리 및 몸매 관리를 하고 있다.
- [ ] 31. 교양 있는 말투로 겸양어를 자주 사용한다.
- [ ] 32. 상대의 말을 잘 듣는 편이다.
- [ ] 33. 대화할 때 상대의 눈을 쳐다본다.
- [ ] 34. 음식을 먹을 때 깨끗하게 먹고 소리 내서 먹지 않는다.

몇 개가 해당이 되는지 체크해 보자.

16개 이상이라면 서비스쪽 적성이 맞을 가능성이 크다. 그 이하라면 부족한 부분에 대해 노력함으로 나아질 수 있다. 여전히 서비스 현장에서 웃는 것이 어렵고 화가 날 때가 많은 당신이라면 앞서 이야기한 감정 연습을 꾸준히 하기 바란다. 노력은 배신하지 않기에 노력한 만큼 당신도 훌륭한 서비스인이 될 수 있을 것이다.

만약, 25개 이상 나온 사람이라면 서비스가 천직일 가능성이 크기 때문에 그 분야에서 적극 자신의 장점들을 활용해서 누구도 당신을 대신할 수 없게 만들면 좋겠다.

창의적 기업 사례

○ 독창적이고 창의적인 서비스에 주력 (베니건스)

(주)롸이즈온의 베니건스는 서비스의 차별점을 발굴, 유지하기 위해 직급별 서비스 리더십을 중심으로 서티피케이션(Cer-tification) 코스를 운영하고 있다.

이론에 의한 형식적인 서비스보다는 고객의 감성적 만족을 위해 서버의 독창적이고 창의적인 서비스 제공이라는 목표하에 지난여름 새롭게 업그레이드한 이 코스는 팀 멤버(일반 직원)를 대상으로 한 셀프 서비스 리더십(Self Service Leadership), 트레이너를 대상으로 한 주니어 서비스 리더십(Junior Service Leader-ship), 그리고 헤드 트레이너를 대상으로 하는 시니어 서비스 리더십(Senior Service Leadership)이 개설돼 있다.

먼저 가장 많은 고객을 상대하는 입사 3개월 이내의 팀 멤버를 대상으로 고객에게 주는 서비스만이 아닌 고객으로부터

받는 서비스도 교육하고 있다. 즉, 고객으로부터 즐거워하는 모습을 받기 위해 나름의 독창적인 서비스로 이를 이끌어내게끔 하는 방법론적인 교육을 진행하고 있다. 이를 위해 고객의 니즈를 파악한 후 이에 따라 실시해야 할 서비스, 즉 미션을 전달해 주고 있다.

직원 이직이 심하고 일에 대한 가치를 느끼지 못하다 보니 결국 서비스 퀄리티에도 문제가 발생하는 것을 해결하기 위한 이 프로그램은 직원이 고객으로부터 원하는 반응을 얻었을 때 느끼는 감동과 자신감으로 인해 동반되는 서비스 마인드 고취에 의의를 두고 있다.

발령 후 3개월 이내의 트레이너에게는 일반 고객을 대상으로 하는 서비스 외에 팀 멤버와 매니저 사이에서 역할 수행에 대한 교육을 진행하며 헤드 트레이너를 대상으로는 조직의 관리자로서의 역할, 문제 해결, 회의 진행 스킬 등에 대한 교육을 추가로 실시하고 있다. 한편 매장별 서비스 질의 차이를 완화하기 위해 메뉴 비디오를 제작, 교육 중에 있다. 우선 본사 인재개발팀에서 매장별 4명의 전문 트레이너를 교육한 후 이들이 해당 매장 직원에게 재교육함으로서 판매 메뉴에 대한 세부적인 지식을 습득하여, 고객들의 컴플레인과 질문에 효과적으로 응대케 하고 있다. 메뉴 비디오의 효과 여부를 본 후 서비스 비디오도 출시할 계획이다.

베니건스는 오는 11월, 본사 건물 내에 있던 리더십 센터를 더 많은 학습 니즈를 충족시키고자 잠원점 건물 내로 확장 이전함에 따라 현재보다 150% 정도 교육량이 늘어날 것으로 보고 있다.

향후 베니건스는 핵심 인재 중심의 전략적 육성을 기본으로 하는 퍼포먼스 향상을 위한 교육을 진행한다는 전략을 세우고 있다.

○ 자발적인 참여 통한 마인드 고취(아모제)

(주)아모제의 마르쉐는 최근 서비스 수준에 대한 재점검을 통한 대대적인 정비 기간을 갖고 있다.

이에 따라 이달 1일부터 교육센터를 새롭게 가동, 매주 월요

일마다 서비스에 중점을 둔 교육을 진행하고 있다. 서비스 항목을 보다 세분화해 각각의 상황에 대한 응대법을 집중 교육, 30여 가지의 컴플레인 해결법 등 총 2백여 가지의 서비스 응대법을 마련했다. 또한, 신입 직원과 아르바이트생을 위한 상황별 FAQ를 정리하는 등 기존 교육프로그램의 업그레이드 작업을 마친 상태다.

또한, 피퍼 마르쉐를 통해 테이블 서비스, 어린이 응대 등에 대한 주기적인 교육을 실시하는 데 하루에 8~10시간씩 전체적인 내용을 교육하는 기존 방법과 달리 하루에 한 가지 모듈을 8~10분씩 교육하는 방법으로 바꿨다. 이는 오랜 시간 교육할 경우 이해도와 실천력 등 교육 효과가 떨어진다는 직원들의 의견을 반영한 것으로 짧은 시간 집중 교육으로 효과를 높인다는 전략이다. 미스터리 샤퍼를 통해 지적된 문제점은 그때그때 재교육을 실시, 현재 미스터리 샤퍼의 평가 점수가 예전보다 훨씬 높아졌다. 뿐만 아니라 '함께 미래로!'란 슬로건 아래 분기별, 매장별로 서비스에 대한 이슈를 만들어 함께 토의하고 효과적인 방법을 도출해 내는 프로그램을 진행하고 있다. 일종의 제안제도인 이 프로그램은 팀을 구성해 미스터리 샤퍼 점수를 높이는 방안, 고객 컴플레인을 줄이는 방법 등에 대해 스스로 말하고 생각하는 동안 서비스 마인드와 스킬을 높이게 하고 있다. 팀별 토의 내용은 웹상에 올려 전 직원이 함께 공유케 하고 있다. 한편 점포가 많아지다 보니 매장마다 서비스가 다르다는 고객 불만에 따라 점포별 서비스 수준의 차이를 최소화하기 위한 기본 교육도 꾸준히 진행하고 있다.

㈜아모제는 기존에는 본사 차원에서 진행하던 교육을 사업 부별로 진행케 해 자체적으로 평가하고 향상시키는 데 주력하고 있다.

○ 대학 강의식 교육으로 효율 극대화(썬앳푸드)

토니로마스 등 4개 브랜드를 운영 중인 ㈜썬앳푸드는 내년부터 대학 강의식 교육 프로그램을 진행할 계획이다.

학기제로 운영되는 이 프로그램은 필수과정과 선택과정 중 본인이 원하는 시간에 원하는 과목을 신청해 교육을 받으면 된다. 이제까지의 교육은 한 번에 3일 동안 하루 8시간씩 교육하다 보니 교육 효과와 참여도가 떨어질 뿐 아니라 교육에 흥미를 느끼지 못한다는 단점이 지적돼 이를 보완하기 위해 마련했다. 이에 따라 근무 시작 전인 아침 시간과 스윙 타임인 오후 3~6시 시간대에 1~2시간 정도로 교육을 진행, 직원 개개인의 시간 활용도와 교육 효과를 높일 방침이다. 필수 과정은 고객 컴플레인 해결법 등 기본적이고 차별적인 서비스 과정을, 선택과정은 바텐더를 위한 마술쇼 등 재미를 줄 수 있는 과정을 마련할 예정이다. 30~40개 과정이 개설될 이 프로그램은 학기당 일정 학점 이상을 이수해야 다음 단계로 진급할 수 있는 기회와 혜택이 주어진다. 또한 참여 교육의 중요성에 따라 호스포(HOSPO : How Our Staffs Pleases Others) 정신을 심어주기 위한 탑 호스포(Top Hospo) 콘테스트를 진행하고 있다.

고객 만족도를 높이기 위한 차별화된 서비스 방법을 교육하는 이 프로그램은 매장별로 팀을 이뤄 한 달간의 준비 기간을 거친 후 매장에서 일어날 수 있는 굿 서비스와 배드 서비스를 상황극으로 표현한다. 이처럼 직원들이 직접 서비스를 받고 해보는 과정에서 진정 고객을 배려한, 고객 입장에선 차별화된 서비스가 어떤 것인가를 느끼고 실천할 수 있게 한다. 뿐만 아니라 퀄리티 서비스라 하여 매장별로 2~3명씩 팀을 이뤄 좋은 서비스와 나쁜 서비스 10개씩을 뽑은 후 해당 내용의 개선방안 등에 대해 토론을 하게 하며 각 매장에 들어온 모든 컴플레인과 그에 따른 해결 방법을 전 매장 직원에게 공개, 좋은 해결법은 배우고 그렇지 못한 경우는 스스로 최선의 해결책을 찾아보도록 하는 등 일방적인 주입식 교육보다는 스스로 느끼고 찾는 것에 의의를 두고 있다.

신입 직원 교육의 경우 매장별 트레이너에 따라 교육 방법과 평가가 다르다 보니 매장마다 서비스 퀄리티에 차이가 생기는 데 이를 막기 위해 내년부터 본사 교육팀에서 직접 교육과 평가를 진행, 서비스 퀄리티의 차이를 최소화할 방침이다. 한편 썬앳푸드는 고객이 음식 만드는 법에 대해 물어올 경우 주방 매니저가 직접 조리법을 설명하고 레시피를 공개하여, 고객 만족과 함께 브랜드에 대한 로열티를 높이고 있다.

○ 성공적인 서비스로 세일즈 제고(T.G.I. 프라이데이스)

티지아이는 지난해 핵심인력인 신입 직원과 FOH 전 직원을 대상으로 하는 서비스 스킬·서비스 마인드 향상 프로그램을 신설했다.

3일 동안 하루 8시간씩 진행되는 이 프로그램은 기본적인 서비스 기법이 아닌 고객의 마음을 파악해 고객 컴플레인을 효과적으로 해결하는 법, 메뉴 지식, 세일즈 테크닉, 세일즈맨이 되기 위한 단계, 성공적인 서비스를 위한 7가지 방법, 해당 포지션 관리법, 그리고 이에 따른 연습 등을 통해 세일즈맨으로서 지녀야 할 서비스 및 세일즈 기법을 익혀 성공적인 서비스를 수행할 수 있도록 하는 데 목적을 두고 있다. 고객 환희 창출을 위한 Customer Delight Action 프로그램에서는 개별적인 고객 응대, 올바른 전화 응대, 용모와 복장, 고객 응대 자세, 표정 연출, 인사예절, 고객 컴플레인 해결, 고객의 의견 듣기, A+ 서비스(기대 이상의 서비스), 감성훈련 등 이미지 메이킹 교육을 진행하고 있다.

○ 전 현장직원의 서비스 전문가화 목표(놀부)

(주)놀부는 지난달 제1회 서비스 경진대회를 개최했다.

직영점 20개 점포를 대상으로 실시한 이번 서비스경진대회는 직원들의 서비스 능력, 컴플레인 대처, 아이디어를 평가한 대회로 점포별로 직원들이 서비스 상황을 만들어 처리 과정을 보여주는 형식으로 진행됐다.

이 서비스 경진대회는 본사 지식경영위원회에서 현장의 지식을 공유한다는 취지로 개최하게 된 것으로 10월 9일 예선을 거쳐 16일 본선을 치러 놀부집 센트럴점 팀이 우승을 차지했다. 지식경영위원회는 지난해 1월 지식조직추진본부로 출발해 올해부터 이름을 바꿔 지식보고서 작성 등의 활동을 추진해오고 있다. 지식보고서는 직원 간 서로 공유할 수 있는 자신만의 노하우를 보고서로 작성해 제출, 평가를 통해 포상하는 제도로 최근 대상 1명, 우수상 1명, 공로상 2명, 특별상 2명을 선정해 해외여행 등의 상품을 증정하기도 했다.

놀부 교육센터는 외식업 전문인력 양성을 목적으로 매장의 홀과 주방의 현장업무를 가르치는 전문교육기관으로 외식기업의 기업관과 직업관 확립, 개개인의 목표 설정 등 임직원의 비전을 설정하고 달성하기 위한 능력배양과 방법을 제공하고 있다. 특히 지난해 초 새롭게 발족한 교육연수팀은 '필요한 시기에, 필요한 교육을, 필요한 대상에게'라는 캐치프레이즈 아래 핵심역량 강화, 교육프로그램 강화, 현장 밀착교육진행을 교육목표로 하고 있다.

놀부의 교육시스템은 계층별로 본사 신입 입문교육과 매장 내 OJT 교육, 기존 직원을 위한 보수교육, 중간관리자, 점장, 가맹점 경영주 교육으로 나뉜다. 또 직무별로는 서비스 마인드 과정, 서비스 실무 과정, 고객 컴플레인 응대 과정으로 나뉘는데 모두 현장 위주의 실무교육으로 이루어지는 것이 특징이다.

　놀부의 현장 교육조직은 멘토, OJT 담당자, 교육전임강사로 구성되어 있다. 전임강사는 팀장 또는 주임급으로 3일간은 영업장 근무, 3일간은 본사파견 근무자로서 OJT 담당자와 점포의 서비스 실무를 교육한다. 본사파견 근무 시에는 본사에서 교육을 준비하고 각 모델점포에 방문순회교육을 실시한다. 특히 OJT 담당자는 근무능력이 우수한 최소 경력 1년 이상인 자로 팀장급, 주임급, 또는 부점장급으로 점포 내 신입사원의 교육을 총괄 담당하게 되고 멘토는 6개월 이상 된 직원으로 신입 직원을 그림자처럼 따라다니면서 모든 직무를 1:1로 코칭, 점포에 적응하도록 도와준다. OJT 담당자와 멘토는 조직상의 직급은 아니므로 평상시 직원으로 근무하다 직원 교육 시에만 트레이너의 업무를 수행한다. 놀부는 정직원과 파트타이머, 그리고 아웃소싱 직원의 비율이 8:1:1로서 본사 집체교육은 정직원 위주로 이루어지고 파트타이머의 교육은 현장점포에서 실시되며 신입 직원과 기존 직원 교육이 나뉘어 실시된다. 신입 직원은 집체입문교육(2일), 점포 내 OJT 교육(15일)을 받게 되는데 교육 내용은 외식 서비스업 이해과정과 당사 창업과 발전되어온 모습, 향후의 비전과 임직원의 역할, 나아갈 방향, 직업관 등이다.

서비스와 관련된 과정으로는 놀부의 중점서비스 마인드와 서비스 실무과정이 있다. 이 과정은 고객 입점에서 퇴점까지 일련의 과정에서 일어나는 서비스 세부사항을 순차적인 단계로 교육한다.

이 교육과정은 놀부만의 세 가지 특징 있는 서비스를 목표로 한다.

첫째는 전 현장직원의 서비스 전문가화이다. 이를 위해 비포 서비스(Before Service) 교육을 하고 있다. 즉, 고객이 찾기 전에 먼저 고객이 필요한 바를 서비스하자는 것이다.

둘째는 '고객은 왕이다'라는 개념을 확대해 고객은 귀신이라는 관점으로 생각하자는 것이다. 왕은 속일 수 있더라도 귀신은 속일 수 없으므로 혼이 담긴 서비스를 실시해야 한다는 의미다.

셋째는 서비스는 궂은 일을 하는 것이다. 내가 힘들어야 고객은 행복을 느낀다는 것을 강조하고 이해시키고 있다.

이 회사 관계자는 "외식산업에 있어 종사원들의 서비스 결여문제는 지속적인 종사원에 대한 교육투자의 빈약함과 종사원의 비전제시 미흡, 그리고 복리후생 미약에 원인이 있다고 할 수 있다. 고품질이 고객 만족을 가져오고, 교육에 의한 고품위 서비스가 고객감동을 불러온다는 측면에서 서비스의 중요성은 매우 크다."고 말했다.

○ 서비스강사 양성 등 지점교육 강화(롯데리아)

롯데리아는 8백 개 이상의 점포 관리와 교육을 위해 전국에 지역별로 9개 지점을 운영하고 있으며, 지점별로 교육장을 갖춰 관할 지역 내 점포 교육에 힘쓰고 있다.
이 회사는 전 점포의 서비스 수준 향상을 위해 각 지점에 서비스 사내강사를 두기로 하고 현재 서비스강사 양성과정을 운영 중이다.

서비스 사내강사 양성과정은 입문과정과 숙련과정으로 나뉘며 각각 2박 3일 코스로 지점별로 2명이 교육을 받고 지점 서비스 강사가 된다. 입문과정을 교육받고 일정 기간이 지난 후 숙련과정을 다시 교육받는 형식이다.

이 과정의 교육내용은 좋은 첫인상, 서비스와 고객 만족, 커뮤니케이션, SPOT 기법(강의 시 수강생들의 집중력을 높일 수 있는 방법), 교수 기법 등이다.

한편, 롯데리아는 기존 정규교육 이외에 FS(Fastfood Service) 입문과정이라는 교육프로그램을 신설했다. 이는 기존 서비스교육과 달리 실질적으로 패스트푸드 지점에 맞는 서비스를 교육하는 것으로 강의실에서의 이론교육이 아닌 점포 형태를 그대로 만들어 놓은 교육장소에서 플로어, 카운터 등 각 현장, 고객 접점에서 발생할 수 있는 상황별 서비스를 알려주고 있다. 패스트푸드에 알맞은 상황별 서비스 대응 스킬을 교육하는 것으로 좋은 효과를 거두고 있다. FS 과정의 교육내용은 나의 장점 계발, 자세 동작 및 대화 예절, 고객 접점 컴플레인 대응 등이다.

이 회사는 올해 들어 리콜교육과정도 진행 중이다. 리콜교육과정은 서비스 리콜 제도 실시에 따른 교육과정으로 모니터들의 평가, 인터넷 및 전화 불만 접수 등에 의해 선정된 부진점포의 관리자를 대상으로 2박 3일간 실시된다. 교육내용은 관리자 스스로가 점포의 문제점을 도출하고 토의, 발표하는 시간이 주어지며, 우수점포를 방문해 체험할 수 있도록 짜여 있다.

롯데리아는 올해 4/4분기부터 교육과정을 오픈시켜 대상자 선정교육이 아닌 관심 있는 직원들이면 모두 교육받을 수 있게 할 계획이다.

이 회사 관계자는 "지점별 서비스강사를 양성하는 등 지점 지원교육을 강화하고 있으며, 교육과정을 공개강좌화해 직원들의 교육기회의 폭을 넓힐 예정"이라며, "교육내용 및 방법도 기존 이론교육에서 현장에 맞는 실무교육으로 이뤄지며, 교안도 시각화한 자료 등을 사용하고 있다."고 말했다.

○ 단계별 직무능력 향상으로 서비스 극대화(피자헛)

피자헛에서는 사원이나 부점장, 점장 등의 각 단계에서 다음 단계를 준비하고 그 임무를 대행할 수 있는 역량을 갖추기 위해 2002년 시프트 매니지먼트와 레스토랑 매니지먼트에 관련한 디벨롭핑 챔피언스(Developing CHAMPIONS) 프로그램을 새로이 선보였다. 디벨롭핑 챔피언스는 LAS(Leading A Shift), LAR(Leading A Restaurant), LMR(Leading Multi-Restaurant)의 3단계로 나뉘며 LAS는 부점장이 될 일반사원, LAR은 점장이 될 부점장, LMR은 에어리어 코치가 될 점장을 대상으로 한다.

첫 단계인 LAS(Leading A Shift)는 시프트 매니저를 양성하는 프로그램으로 약 8주에 걸쳐 오리엔테이션과 리더십, 매장 현장교육 등 워크숍과 OJT 형식으로 진행되며 현재 전 점포의 점장과 부점장의 인증을 마쳤다.

점장과 부점장을 대상으로 2002년 3월에서 5월까지 진행된 이 프로그램은 시프트 매니지먼트와 관련한 실질적인 내용과 함께 실습과 교재연구 과정 등이 포함되어 있다. 앞으로 시프트 매니저의 역할을 수행하게 될 사람들을 선발, 8주간의 LAS 과정을 거친 후 시프트 매니저로서의 역할을 수행하도록 할 방침이다.

디벨롭핑 챔피언스 프로그램은 사원으로서 받게 되는 기본적인 교육과 연계되어 일관적인 교육을 수행함에 따라 현장학습 중심의 리더십과 매장운영에 관한 기술을 익힐 수 있어 현실적이고 실질적인 교육이 이루어질 것으로 기대하고 있다.

서비스와 관련된 교육으로는 에어리어 트레이너에게 영업지원팀에서 분기에 한 번씩 진행하는 워크숍 형태의 'Customer Mania TTT' 과정이 있다. 매장에서 발생하고 있는 고객 불만의 유형과 그에 따른 해결 방법을 생각해 보고 각각의

롤 플레잉을 통해 공통적으로 실행하는 고객 불만 해결 과정에 대한 전달이 주요한 내용이다.

이밖에 피자헛의 사원이나 팀 메이트(아르바이트생)로 입사하여 서비스 교육으로 받게 되는 엑스퍼트(EXPERT) 서비스 프로그램은 매장에서 서비스를 제공하는 데 있어 가장 기본적인 행동에 관한 내용이 주를 이룬다.

교육 기간은 매장 상황에 따라 입사 후 1개월 이내에 완료되며 각 서비스 단계에 따른 행동을 중점으로 서비스 마인드와 고객 불만 해결에 대한 내용이 포함된다.

입사 이후 60일간은 세심한 서비스를 위한 태도나 언어를 연습하도록 하는 단계별 프로그램 'Big Smile 60 Days'가 진행된다. 이 프로그램은 매장에 근무하는 모든 사람을 대상으로 하며 여러 가지 상황(비 오는 날 고객 맞이, 외국 고객, 장애인 고객에 대한 서비스 등)에 따른 고객 대응 방법을 연습할 수 있도록 60일 단위로 같은 내용을 습득하게 된다.

피자헛은 앞으로 디벨롭핑 챔피언스 프로그램과 관련해

LAS의 다음 단계인 LAR에 대한 역할에 대해 교육하고, 서비스의 기본적인 내용을 습득하는 서비스 베이직(Service basics) 과정과 고객 불만을 해결하고 고객 만족을 위한 여러 가지 매니지먼트를 할 수 있도록 하는 서비스 어드밴스(Service Advanced) 과정을 신설, 운영할 예정이다.

○ 체계적인 사내강사 양성에 주력(미스터피자)

미스터피자는 필요에 의해서 수시로 진행됐던 서비스 교육 프로그램을 좀 더 체계적으로 진행하기 위해 지난 4월 경기도 청평에 자체 연수원 '메이슨 아카데미'를 설립했다. 2년여의 준비 기간을 거쳐 완공된 메이슨 아카데미는 내상 교육장과 주방 실습장, 90여 명의 행동훈련과 집합교육이 가능한 공간과 함께 최대 60여 명이 수용 가능한 숙박시설을 갖추고 있다. 메이슨 아카데미에서는 현재 미스터 피자의 신입사원 교육과 소양교육, 부점장과 점장 등의 수시 서비스 교육 등을 실시하고 있으며 앞으로는 피자와 파스타에 대한 아카데미로 만들어나갈 방침이다.

미스터 피자에 공채로 모집된 신입사원은 2박 3일의 기본적인 소양교육과 피자 레시피와 이론, 실기에 대해 7일 동안 교육받은 뒤 매장 내에 배치되어 OJT 형식 현장교육을 받고 1개월간의 신입사원 교육을 수료하게 된다.

이후 직원들에게 시행되는 서비스 교육으로 마인드 향상과 정과 마인드 심화 과정을 전반기, 후반기에 각 1번씩 실시하고 있으며 수퍼바이저와 점장, 부점장은 1년에 1차수씩 업무능력 향상과정과 양성과정 교육을 받게 된다.

2000년 후반부터 꾸준히 시행되어 온 이러한 서비스 교육에 이어 서비스 체계를 구축하고 맨파워를 극대화하기 위해 올 하반기 사내강사 양성을 위한 프로그램을 진행 중이다.

미스터피자 직영점에서 2년 이상, 대리급 이상 근무한 근속 직원 중 맡은 분야에 대한 업무능력이 뛰어난 사람들을 대상으로 외부 강사와 사내 강사를 통해 교육하고 있다. 현재 준비 중인 대상자들은 맡은 분야의 스킬에 대한 교안을 작성하고 이 교안에 따라 5차례 모의강의를 마련한다. 한 차례의 모의과정이 끝나면 수정과 보완을 거쳐 체계를 잡아가고 있으며 10월 말까지 두 차례의 강의를 마쳤다.

현재 교육 부분에 있어 외부 강사와 사내 강사의 비율이 비슷한 가운데 내년 말까지 강사진의 80~90%를 사내강사로 교체할 예정인 미스터피자는 2003년에 점장과 부점장의 필수이

수과목과 연간교육시스템을 확정하고 중 하반기에 자가 학습 시스템을 도입해 사이버 연수를 통한 학점 인정 제도를 실시할 계획이다.

이러한 교육 프로그램이 안정화에 접어들 것으로 기대하는 2004년에는 EB(Education Banking) 시스템을 도입해 온라인과 오프라인을 오가는 효율적인 교육을 준비하고 있다. 다양한 교육프로그램이 저장될 EB를 통해 직원이 직접 원하는 과정을 수료한 뒤 이수과정마다 학점을 부여할 예정이다. 직원들은 원하는 교육을 원하는 시기에 받을 수 있고 본사에서는 이를 평가하여 경력관리까지 가능할 것으로 기대하고 있다.

지금까지 직영점 직원에 한해 시행되고 있던 일련의 교육들은 2003년부터 희망자에 한해 가족 점의 직원들에게도 교육을 실시할 방침이다.

○ 직급에 따른 효율적인 교육 운영(도미노피자)

지난해 상반기부터 본격적인 교육 프로그램을 실시하고 있는 도미노피자는 고객 만족을 위한 서비스 교육에 박차를 가하고 있다.

면접을 통과한 신입 직원들에게는 이틀간의 OJE(On the Job Evaluation) 프로그램이 진행되는데 이것은 별다른 사전 교육 없이 이틀 동안 매장의 업무를 보여주어 앞으로 이 일을 할 수 있을지 여부에 대한 판단하게 하는 것이다. 지난해 하반기부터 실시된 이 프로그램은 신입 직원이 직접 매장의 운영을 접해보고 근무 여부를 결정하게 하는 것으로 평균 10명 중 8명가량이 직원으로 입사하게 된다. 이러한 과정을 통해 직원과 본사 양자 간의 인력과 교육 등의 낭비를 막는 효과를 얻고 있다.

이렇게 입사한 신입 직원들은 2주에 걸쳐 이론교육(팀별 교육, 전산 교육, 서비스교육)과 피자 메이킹 실습, 현장 OJT(오픈 3일, 마감 3일의 6일) 교육을 이수해야 하며 천안 공급소 견학을 마지막으로 신입 직원의 교육이 마무리된다.

각 점포를 책임지는 매니저와 피자 메이킹, 오퍼레이션 등에 대한 내용으로 신입 직원들의 교육을 담당하는 선임 MIT(Manager In Training)의 경우에는 3개월에 한 번씩 교육이 진행되며 매니저가 되기 위해서도 1년여에 걸쳐 3번의 교육을 이수해야 한다.

대부분의 교육은 미국 본사의 매뉴얼에 따라 진행되지만, 서비스 교육 부분에서는 국내 자체 제작된 매뉴얼이 있으며 전화 응대와 손님 응대, 직원 간 교류, 내부서비스, 에티켓 등에 대한 사항을 포함하고 있다.

본사 교육실에서 진행되는 이론 교육과 달리 실습 교육에 대해서는 개포 직영점에 30여 평 규모의 실습장이 마련되어 있다.

수퍼바이저는 직영점과 가맹점이 나뉘어 운영되며 매니저 과정 교육을 수료하고 2년 이상 근무한 사람에 한해 1개월간 STP(Superviser Training Planning) 교육을 이수하게 한다.

이밖에 가맹점 교육으로 신규 가맹점 교육(IFDP)과 가맹점 매니저 과정 교육이 있다. 가맹점주는 매장을 오픈하기 전 본사와 실습장에서 이론 및 실습 교육을 받고 6일간의 OJT 교육을 거친 뒤 직영점에 2주 동안 파견 근무를 하는 등 1달간의 교육과정을 마쳐야 한다. 또한, 가맹점 매니저 과정 교육은 3개월 이상 근무한 기존 매니저나 직원에 한해서 매달 마지막 주 3일간 교육하게 되며 일정 기간이 지나면 보수교육이 이루어진다. 수퍼바이저가 담당하고 있는 매니저 보수교육에는 본사의 마케팅과 프로모션, 쿠폰, 할인, 매뉴얼 변경 등에 대한 내용이 주를 이루며 이에 대한 부분을 수시로 교육받게 된다.

○ 3단계 고객 응대 교육으로 서비스에 만전(스타벅스)

스타벅스의 바리스타 교육은 스타벅스의 문화와 커피에 대한 지식, 상품에 대한 지식, 서비스 등의 내용으로 15일에 걸쳐 실시된다. 바리스타 교육은 고객이 다음에도 다시 방문할 수 있도록 한다는 데 중점을 두고 고객이 방문했을 때 환영받는다고 느낄 수 있게 아이 컨텍을 하는 '접촉'과 맛있는 음료로 주문할 수 있도록 추천해주는 '발견', 좋은 결정이었다는 생각을 할 수 있게 하는 '반응' 등 3단계로 나누어 실시하고 있다.

바리스타 교육은 본사 지하에 매장과 동일한 스테이션을 마련해 놓고 오더가 들어오면 커피를 뽑고, 배합하여 나가기까지 실전과 똑같이 실시하며 기계를 다루는 요령도 함께 교육한다. 포스 교육은 매장과 동일한 시스템으로 마련된 포스 교육실에서 이뤄져 매장에 나가서도 자연스럽게 오더를 받을 수 있도록 하고 있다. 15일 동안의 교육을 수료하고 나면 매장으로 투입돼 일하게 되고 3개월 후 다시 재교육을 받는데 재교육은 각 매장의 점장들을 강사로 초빙해 매장에서 실제 있었던 사례담 및 컴플레인 대처법을 직접 듣게 하는 등 현장감 있는 교육으로 실시하고 있다. 또한, 스타 스킬스라는 프로그램을 통해 상사와 부하 직원이 수직관계가 아닌 수평관계를 유지할 수 있도록 하는데 이는 스타벅스가 인력관리에 있어 가장 중요시하는 부분 중의 하나다. 상사가 부하 직원에게 지시를 할 때 명령식이 아닌 의향을 묻고 그 직원의 상황에 맞게 처리해 가는 것이다. 이에 따라 스타벅스에서는 직원들 모두가 닉네임을 갖고 직함 대신에 닉네임을 부름으로써 수평관계를 유지할 수 있도록 하고 있다.

죽기 전까지 꿈을 꾸어라

일찍부터 시작된 사회생활에서 겪은 어려움과 힘든 시간들이 지나고 보니 나에게 좋은 양분이 되어 주었고, 어떤 일도 두려움 없이 시작할 수 있는 용기가 되었다.

병원 서비스에서 다양한 고객들을 만나면서 인내의 시간들은 장점으로 업무 능력을 인정받는 계기를 만들어 냈고, 내가 무엇을 잘할 수 있는지를 알았다.

실전경험에서 나온 서비스 교육은 많은 공감대로 긍정적 피드백으로 돌아왔고 이런 경험에 용기를 얻어 그동안 해 왔던 교육 자료에 여러 가지를 덧붙여 나의 서비스 철학을 담는 책을 펴게 되었다.

그런데 막상 꺼내려 하니 부끄러운 생각과 위축된 마인드로 많이 망설이다 보니 계획보다 시간이 오래 지체되었다.

좋은 것에 지나친 강조를 하다 보니 나와 상반된 의견이 있을 수 있다는 것에 충분히 이해해 주었으면 좋겠다.

우리는 행복해 질 권리가 있다. 어떤 이유를 들지 말고 행복할 수 있는 쪽으로 관점을 두고 살아갔으면 좋겠다. 생각의 차이는 종이 한 장 차이라고 하지 않던가!

지금 당장 힘들어도 또는 성취 가능성과 거리가 먼 꿈이라 하더라도 꿈꾸는 것에는 돈이 들지 않으니 맘껏 꿈을 펼쳐 보았으면 좋겠다.

나는 죽기 전 배우로 살아보기를 버킷 리스트에 올렸다. 그 꿈이 남들이 듣기에는 너무 터무니 없고 우스운 이야기로 들리겠지만, 여우주연상을 꿈꾸는 것도 아니고 지나가는 행인의 역할이 될지라도 배우가 되고 싶다.

이 꿈을 이루기 위해서는 무대 공포증도 이겨내야 하고 연기도 배워야 할 것이다.

내 나이 45세. 적지 않은 나이지만 꿈을 꾸는 데 있어서 나이 생각은 하지 않는다. 그리고 하루하루 분주한 삶 가운데에서도 나를 가꾸고 꾸미는 데는 꼭 시간을 낸다.

큰 비용을 들여서도 아니고 자기 전 팩 하나 붙이는 일, 꼼꼼히 스킨로션을 두드려 바르는 일은 게을리하지 않는다.

다이어트도 꾸준히 노력한다. 타고난 몸이 날씬하거나 기럭지가 길진 않더라도 내가 가지고 있는 체형에서 넘치게 체중이 늘지 않도록 노력한다.

돌아보면 인생에 거창한 계획을 세우고 살아오진 않았다. 순간순간 주어지는 일에 최선을 다했고 그러다 보니 다양한 일을 경험했고 내가 잘하는 일과 내가 정말 하고 싶은 일이 무엇인지를 발견하게 되었다.

나는 처음부터 꿈이 많은 사람은 아니었다. 다양한 일을 접하면서 꿈이란 것이 생겼다. '부지런한 물방아는 얼 새도 없다.'는 속담이 있다. 가만히 앉아 생각만 하면 아무 일도 일어나지 않는다. 부지런히 움직여야 길도 보이고 꿈도 꿀 수 있는 것이다.

마지막으로 타인의 시선에서 자유롭지 못하고 움츠려 있는 이들에게 추천할 만한 책을 소개하고 싶다.

『배짱으로 삽시다』   - 이시형

『미움받을 용기』   - 고가 후미타케, 기시미 이치로

『나는 까칠하게 살기로 했다』   - 양창순

영원히 살 것처럼 꿈을 꾸고,
내일 죽을 것처럼 오늘을 살아라.   - 제임스 딘

꿈을 품어라.
꿈이 없는 사람은 아무런 생명력도 없는 인형과 같다. - 그라시안

꿈이 없다면, 인생은 쓰다.   - 리튼

여러분 모두 달콤한 인생의 주인공이 되길 바랍니다.